句法语用界面视角下
汉日话题句语义对比研究

陈陆琴 ○ 著

四川大学出版社
SICHUAN UNIVERSITY PRESS

图书在版编目（CIP）数据

句法语用界面视角下汉日话题句语义对比研究 / 陈陆琴著. -- 成都：四川大学出版社，2024. 11. （语言与应用文库）. -- ISBN 978-7-5690-7397-3

Ⅰ. H364；H146

中国国家版本馆 CIP 数据核字第 2024VG2908 号

书　　名：句法语用界面视角下汉日话题句语义对比研究
　　　　　Jufa Yuyong Jiemian Shijiao xia Han-Ri Huatiju Yuyi Duibi Yanjiu
著　　者：陈陆琴
丛　书　名：语言与应用文库

丛书策划：张宏辉　黄蕴婷
选题策划：徐　凯
责任编辑：徐　凯
责任校对：张宇琛
装帧设计：墨创文化
责任印制：李金兰

出版发行：四川大学出版社有限责任公司
　　　　　地址：成都市一环路南一段 24 号（610065）
　　　　　电话：（028）85408311（发行部）、85400276（总编室）
　　　　　电子邮箱：scupress@vip.163.com
　　　　　网址：https://press.scu.edu.cn
印前制作：四川胜翔数码印务设计有限公司
印刷装订：四川省平轩印务有限公司

成品尺寸：170 mm×240 mm
印　　张：15
字　　数：246 千字
版　　次：2024 年 11 月 第 1 版
印　　次：2024 年 11 月 第 1 次印刷
定　　价：68.00 元

本社图书如有印装质量问题，请联系发行部调换

版权所有 ◆ 侵权必究

扫码获取数字资源

四川大学出版社
微信公众号

前　言

日语中的"话题"具有形态标记"wa"，比较容易识别。自西洋语法引入日本，有关日语话题的争论便未停止过。可以说日本的话题研究历史较久，领域较广，成果较丰富。然而，汉语缺乏形态标记，从形态上识别汉语中的"话题"具有一定的难度，因此，"话题"问题一直是汉语学界争论的焦点。不过，日语的话题句（比如"象は鼻が長い"）和汉语的话题句（比如"大象鼻子长"）在结构上有相似之处，这就可以在立足汉语事实的基础上进行汉日对比研究，找到汉语话题的界定范围，挖掘汉语话题的本质特征。

迄今为止，围绕汉日话题句展开的对比研究比较少，且多从"话题"和"主语"的争议、话题化、话题标记和话题句的句式对比等方面入手，虽取得了一定的成果，但也存在一些问题。本书以汉日语话题句（特别是非典型话题句）为研究对象，通过对比研究，探讨汉语话题句与日语话题句在句法语义特点上的共同点和不同点，并以此为基础，从句法层面和语用层面揭示其对解读汉语话题句语义的影响。

本书由五部分组成。

绪论部分主要介绍了已有的研究、理论和实际应用价值、研究目的和语料来源等。

第一章主要对汉日间接被动句进行探究。首先，在已有研究的基础上为汉日被动句分类，探讨"AがBにCをVれる・られる"被动句的类型及特点。其次，以汉语和日语两种语言中的"第三者被动句"为研究对象，对其分类、基本句型、句法特点、语义特点进行分析，揭示汉日两种语言中的"第三者被动句"的共同点和不同点。最后，从义素

分析法的角度，探讨句法层面和语用层面的因素对被动句语义的影响。

第二章主要对"P是P"和"Pには/ことはP"进行汉日对比研究。一是通过定量分析方法，以"P是P""PにはP""PことはP"为研究对象，分析这三种句型的转折词的位置、转折词的种类、P的类型。二是通过与日语"PことはP"的对比，揭示汉语"P是P"的语义特点和句法特点。三是将P限定为V，将"V是V"结构和"VにはV"结构进行对比，考察这两种结构的语义和句法特点，并分析背后的原因。四是对"X是X"所表达的转折语义的生成机制进行探究。

第三章主要通过定量和定性分析方法，对汉日非逻辑话题句进行探讨。首先，以谓语动词为自动词的"NPはVP"非逻辑语义句为研究对象，对该句中的主题NP的特点、主题NP与谓语VP的语义关系进行考察和研究。其次，从先行研究中收集汉语鳗鱼句"N1是N2"的例句和日语鳗鱼句"N1是N2"的例句，分别考察其句法和语义特点，并在此基础上探讨两者的异同。最后，从句法层面和语用层面探讨汉语鳗鱼句的语义。

结语部分主要对本书的内容进行了概括和总结。

目 录

绪 论 ……………………………………………………………… 1

第一章 汉日间接被动句的对比 ………………………………… 9
    第一节 被动句的类型 ………………………………………… 9
    第二节 汉日第三者被动句的对比 …………………………… 33
    第三节 汉语被动句的语义解读 ……………………………… 66

第二章 "P是P"和"Pには/ことはP"的对比 ……………… 81
    第一节 基于语料库的"P是P"的句法特点 ……………… 81
    第二节 基于语料库的"PにはP"和"PことはP"的句法
           特点 …………………………………………………… 104
    第三节 "P是P"和"PことはP"的句法语义对比 ……… 116
    第四节 "V是V"和"VにはV"的句法语义特点 ………… 124
    第五节 "P是P"式转折语义的生成机制 …………………… 138

第三章 非逻辑语义句的汉日对比 ……………………………… 151
    第一节 "NPはVP"非逻辑语义句 ………………………… 151
    第二节 汉日语鳗鱼句的句法语义特点 ……………………… 178
    第三节 汉语鳗鱼句的语义解读 ……………………………… 211

结 语 ……………………………………………………………… 217
参考文献 …………………………………………………………… 222

绪　论

一、已有研究

"话题"这一概念起源于西方语言学。20 世纪 20 年代，布拉格学派的领袖马泰休斯（Mathesius）将句子切分为"陈述的基础"和"陈述的核心"，这对概念后来被称为"主位"和"述位"（彭吉军，何洪峰，2012；宋文辉，2018）。马泰休斯之后，韩礼德（Halliday）"将'主位—述位'引向深入，成为功能主义话题研究的重要力量"（彭吉军，何洪峰，2012：91）。除了功能主义学派，结构主义对话题也有研究。美国语言学家霍凯特（Hockett，1958）为了说明主谓结构的特点，首次使用了"话题"和"说明"这一对术语。之后，学者们围绕话题展开了一系列研究（Chafe, 1976; Li & Thompson, 1976; Xu & Langendoen, 1985; Gundel, 1988; Lambrecht, 1994; Erteschik-Shir, 2007; Krifka & Musan, 2012；等等）。

日语中的"话题"具有形态标记"は"（wa），比较容易识别，关于日语话题句的研究历史比较悠久，且比较深入。自西洋语法引入日本，有关日语话题的争论便未停止。

首先，三上（1960）在日语语法史上第一次清楚地表明"は"表示话题，"が"表示主格。三上（1960：8）认为："題目の提示「Xハ」は、だいたい「Xニツイテ言エバ」の心持です。上の「Xニツイテ」は中味の予告です。下の「言エバ」は話し手の態度の宣言であり、これが述部の言い切り（文末）と呼応します。"［笔者自译：提示话题的"Xハ"，大体上表示"就 X 来说的话"的心情。上面的"Xニツイテ"

表示对内容的预告。下面的"言エバ"表示对说话者态度的宣告，这与谓语的断言（句末）相互呼应。]① 三上主张"後者、すなわち文末と呼応して一文を完成する仕事が「ハ」の本務です。前者、すなわち中味への関与の仕方は「ハ」の兼務です"（后者，即与句末呼应完成一个句子的任务是"ハ"的主要任务。前者，也就是参与内容的方式是"ハ"兼任任务），"兼務"（兼任任务）具体可以指"「Xハ」の「ハ」は、「ガ「ノ「ニ「ヲ」またはゼロ（時のゼロ、一文字分あけてしめしたもの）を代行している（'Xハ'的'ハ'代行'ガ'、'ノ'、'ニ'、'ヲ'或者零形式"（表示时间的零形式，用隔一个字表示）（三上：1960：15）。

久野（1973）探讨了"は"和"が"的区别，认为"は"表示"主题"（话题）和"对照"（对比）两种语义，"が"表示"総記"（总括记述）、"中立叙述"（中立叙述）和"目的格"（目的格）三种语义。比如：

　　（1）主题（话题）
　　太郎ハ学生デス（太郎的话是学生）。（久野，1973）
　　（2）対照（对比）
　　雨ハ降ッテイマスガ、雪ハ降ッテイマセン（雨正在下，但是雪没在下）。（久野，1973）
　　（3）総記（总括记述）
　　太郎ガ学生デス（太郎是学生）。（久野，1973）
　　（4）中立叙述（中立叙述）
　　雨ガ降ッテイマス（正在下雨）。（久野，1973）
　　（5）目的格（目的格）
　　僕ハ花子ガ好キダ（我喜欢花子）。（久野，1973）

　　例（1）中的"は"表示"主题"（话题），"主題となり得るのはす

---

① 下文凡不注明出处的翻译，均为笔者自译。

でに会話に登場した人物・事柄、すなわち、現在の会話の登場人物・事物リストに登録済みのものを指す名詞句である"（可能的主语是一个名词短语，指的是已经在对话中出现过的人或事，即已经在当前对话的人物和事物列表中登记过的人或事）（久野，1973：28）。例（2）中的"は"表示"対照"（对比）的语义，在该句中"雨"和"雪"形成对比关系。例（3）中的"は"表示"総記"（总括记述）的语义，该句的语义是"（今話題になっている人物の中では）太郎だけが学生です"（在现在成为话题的人物中，只有太郎是学生）（久野，1973：28）。在例（4）中，"が"表示"中立叙述"（中立叙述），"述部が動作を表すか、存在を表すか、一時的状態を表すかの場合に限られる"（仅限于谓语表示动作、存在或暂时状态的情况）（久野，1973：32）。例（5）中的"が"表示目的格。

　　菊地（1995）考察了"は"句型的类型，其主要将"は"句型分为四大类："Xが述部または述部中の語句に対して格関係か「Xの」で係る関係をもつ＜基本型＞、述部中の語句に対して包含関係を持つ＜包含型＞、＜基本型＞の変種とみなせる＜変種型＞、いずれでもない＜特定類型＞（X与谓语或谓语中的短语有格关系或者'Xの'关系的＜基本类型＞，与谓语中的短语有包含关系的＜包含类型＞，有可视为＜基本类型＞变体的＜变体类型＞，或不属于上述任何类型的＜特定类型＞）。"（菊地，1995：39）[①] 比如：

（6）基本型（基本类型）
　　Aさんは、その本を書いた（A写了那本书）。（菊地，1995）

（7）包含型（包含类型）
　　酒は、日本酒がいい（酒的话，还是日本酒比较好）。（菊地，1995）

（8）変種型（变种类型）

[①] X表示话题。

辞書はＡ社がいい（字典的话还是Ａ公司比较好）。（菊地，1995）

(9) 特定类型（特定類型）

詳しいことは、広報第三号を見てください（具体信息请看宣传第三号）。（菊地，1995；转引自三上，1960）

此外，学者们还对日语的话题标记、话题的组成成分、话题化、话题的省略、话题在句法上的位置、对比话题等诸多领域进行了深入的探讨（kuno，1973；Shibatani，1991；野田，1996；Kuroda，2005；角田2009，等）。可见日本的话题研究历史较久，领域较广，成果较丰富。

与日语相对，汉语缺乏形态标记，从形态上识别汉语中的"话题"具有一定的难度，"话题"问题一直以来也是汉语学界争论的焦点。

首先，关于话题的地位，赵元任（1979）和徐通锵（1997）等认为主语和话题是等同的，即"主语"和"话题"都是指同一个概念，只是不同的学者对其有不同的称呼而已。赵元任（1979：45）最早提出了这一观点，认为"主语跟谓语在语音上联系的（得）很松，意义上也是这样子。在汉语的句子里，主语可以从字面上解释成主题，谓语不一定要指主语所指的那个东西的动作或特征"。与之相反，Li & Thompson（1976）、沈家煊（1999）和石毓智（2001）等认为主语和话题应该进行区分。石毓智（2001：82）认为："汉语中存在着主语和话题的区别，它们的语法性质和语义特征很不一样。主语是一个结构成分，所在的结构可以用于句子和从句两种层面，单独成句时，主语还可以被焦点化或者提问。从语义上看，主语是行为动作的施事，或者性质状态的主体。因为主语常常居于句首，具有认知上的凸显性，所以可以被看作无标记的话题。我们所讨论的都是有标记的话题。标记话题的手段包括语序变换，语音停顿，添加语气词，或者回指。有标记的话题是话语层面上的概念，话题化的结构不能进入从句。因为话题代表的是交际双方共知的旧信息，与焦点化的语义特征相矛盾，所以不能加焦点标记'是'或者被提问。"

其次，关于话题的分类，陈平（2004）从话题的研究层面将话题分

为句法话题和语用话题。方琰（1989）、屈承熹（2006）、李茂莉（2016）从话题有无带标记的角度将话题分为有标记话题和无标记话题。徐烈炯、刘丹青（2007）根据话题和述题或述题的组成部分的语义关系，将话题分为论元及准论元共指性话题、语域式话题、拷贝式话题和分句式话题。"论元共指性话题与句子（主句或小句）主要动词的某个论元或相关的空位所指相同，比较起来这是最紧密的一种话题—述题间语义关系"（徐烈炯，刘丹青，2007：104）。语域式话题"为述题提供一种时间、空间和个体方面的范围和框架"，"总体上跟述题的语义关系比较松散"。拷贝式话题"跟述题的语义关系又异乎寻常地紧密，话题干脆就是述题中某个重要成分在话题位置上的全部或部分复制（copy），而且被复制的成分还主要是在其他语言中很少会话题化的谓语动词"（徐烈炯，刘丹青，2007：104）。分句式话题是"带话题标记的小句形式，跟述题之间有复句间的逻辑关系或事理关系"（徐烈炯，刘丹青，2007：105）。

最后，关于话题标记，张伯江，方梅（1994）和文旭（2007）指出话题后的标记有语音停顿和"啊/呀、吧、嘛"等停顿词。范开泰（2007）、李宗江（2017）认为话题前的标记有"至于、关于、说到、要说"等。刘丹青（2004）和董秀芳（2012）都对话体标记的来源进行了考察。刘丹青（2004）指出疑问标记、时间语标记、系词"是"和话题敏感算子（副词）都可以演变为话题标记。在此基础上，董秀芳（2012）通过汉语历史文献中的例证，补充了汉语话题标记的三种其他来源。董秀芳（2012）指出处所标记、指代词、名词化标记也可以演变为话题标记。

不过，日语的话题句（比如"象は鼻が長い"）和汉语的话题句（比如"大象鼻子长"）在结构上有相似之处。这就可以在立足汉语事实的基础上进行汉日对比研究，找到汉语话题的界定范围，挖掘汉语话题的本质特征。

据笔者检索，围绕汉日话题句的对比研究比较少，主要从以下四个方面展开：

其一，关于"话题"和"主语"的争议。施建军（2001）和詹凌峰

（2004）认为汉语和日语一样，也应该区分话题和主语。施建军（2001）通过分析主谓谓语句、定语从句的主谓结构，指出汉语句子句首名词性成分和主谓结构中的"主语"存在质的差别。

其二，关于话题化。冯君亚（2010，2012）认为在汉语和日语中，语序、话题标记、语音是三种重要的话题表现手段。詹凌峰（2004）认为日语中主要有主语的主题化和宾语的主题化。而和日语相比，汉语的主题化更加多样，除了有主语的主题化和宾语的主题化，还有定语的主题化和状语的主题化等。

其三，关于话题标记。费惠彬（2006）认为汉语的话题多数是无标记话题，而作为话题标记的提顿词并没有完全语法化，它们或多或少带有语气词的一些特征。与此相对，日语的话题多数有标记话题，而且其标记大多数是提示助词"は"。

其四，关于话题句的句式对比。费惠彬（2006）通过比较汉日典型的话题句，发现日语的话题句有相对固定的句式，汉语话题句的表达方式则更趋灵活。

可见汉日话题句的对比研究已取得了一定的成果，不过以典型话题句为主（如"大象鼻子很长"和"象は鼻が長い"），对以被动句为基础的话题句、动词重复的话题句（如"P是P""PにはP""PことはP"等）、话题和述题在逻辑语义上不是等同关系的话题句〔如"那场火，幸亏消防员来得及时"和"私はうなぎだ"（我是鳗鱼饭）〕等非典型话题句的研究则不足。本书将话题和述题在逻辑语义上不是等同关系的话题句称为非逻辑话题句。研究非典型话题句的句法特点和语义特点，将会大大促进话题研究的进一步发展。

二、理论价值和应用价值

本书具有以下三个方面的理论价值：

首先，在语义研究方面，本书是话题研究的新突破，可以加深学界对话题的理解。话题是包含话题—述题关系的整个话题句中的一个部分，脱离整个话题句谈论话题就会失去话题本身的意义。一直以来，学界多注重话题本身，忽视了对整个话题句语义的解读研究。本书则尝试

跳出话题研究的藩篱，从整个话题句的语义解读入手，展开全面的探析，以弥补学界研究的不足。

其次，在汉日语对比研究方面，可以挖掘汉日语话题各自的本质特征，促进话题的语言类型学的发展。汉语和日语都属于注重话题的语言，但这两种语言的话题之间却有很多不同的地方，对两种语言的话题进行对比研究，可以相互借鉴研究方法和研究成果。这样既可以凸显汉日语话题各自的特点，挖掘两种语言话题的本质特征，又可以促进话题的语言类型学的发展。

最后，在话题句研究方面，可以为解决其他语言学问题提供研究基础。话题问题与句法结构、语序、焦点、有定—无定等现代语言学所关心的一系列问题息息相关，这些问题的研究都离不开话题的研究，研究话题句将会促进汉语语言学和日语语言学的发展。

本书具有以下两个方面的应用价值：

第一，可以指导汉日语外语教学。汉日语话题的异同研究能够指导对汉语母语者的日语教学和对日语母语者的汉语教学。

第二，可以推动人工智能在自然语言处理领域的发展。句法和语用界面的研究将推动省略、指代、话题、照应关系等研究的发展。这些问题也是人工智能的一大难题——自然语言处理（Natural Language Processing）所要探讨的。

三、语料库

（一）CCL 语料库

CCL（Center for Chinese Linguistics）语料库检索系统（以下简称 CCL 语料库）由北京大学中国语言学研究中心研制，包含现代汉语语料 6 亿字左右，古代汉语语料 2 亿字左右，涉及的文献时间从公元前 11 世纪到当代。现代汉语语料涵盖了文学、戏剧、报刊、翻译作品、网络语料、应用文、电视电影、学术文献、史传、相声小品、口语等多个类型。

（二）BCC 语料库

北京语言大学语料库中心（BLCU Corpus Center，简称 BCC）由

北京语言大学语言智能研究院研制，是以汉语为主、兼有英语和法语的在线语料库，是服务语言本体研究和语言应用研究的在线大数据系统。BCC语料库总字数约150亿字，包括报刊（20亿）、文学（30亿）、微博（30亿）、科技（30亿）、综合（10亿）和古汉语（20亿）等多领域语料，是可以全面反映当今社会语言生活的大规模语料库，数据量大、领域广、检索便捷。

（三）中日对译语料库

《中日对译语料库》（CDROM）由北京外国语大学北京日本学研究中心推出，共收入中日双语各种文本语料2013万余字。在语料的收集上，考虑到语言研究和自然语言处理研究应用的实际需要，在注重规模和原文、译文质量的同时，还充分考虑到各种体裁、年代语料的平衡，其中不但收录了中日对译文章中最常见的小说文本，还包括了如诗歌、散文、传记、政论、法律法规、政府工作报告等各种体裁的语料文本，涉及近现代的各个时期，充分保证了语料的实用效果。

（四）BCCWJ语料库

现代日语书面语均衡语料库（Balanced Corpus of Contemporary Written Japanese，简称BCCWJ语料库）由日本国立国语研究所开发，包含出版、图书馆和特殊类型文本三个子库。BCCWJ语料库除了以2001年至2005年间日本国内出版的所有书籍、杂志和报纸为母体随机抽取约3500万词语料构成出版子库以外，还以东京都所有公立图书馆中收藏的1986年至2005年出版的书籍为对象，随机抽取出约3000万词语料构成图书馆子库。还从白皮书、博客上随机采集了约3000万语料构成特殊类型文本子库（毛文伟，2013：17－18）。

第一章 汉日间接被动句的对比

第一节 被动句的类型

一、汉日被动句的分类

在日语中，存在着像例（1）、例（2）这样的间接被动句。柴谷（1978：135）认为间接被动句表示"主語が他人の動作や物事のなりゆきの影響を間接的に受けたり、感じたりするという意味を表す"（主语从他人的动作或者事物的发展中，间接地受到或者感受到影响）。与此相对，在汉语被动句中，与例（1）对应的被动句例（3）是存在的，但与例（2）对应的被动句例（4）是不存在的。

(1) 彼は犬に衣服を咬まれた。（中岛，2007）
(2) 私は夜中に子供に泣かれた。（中岛，2007）
(3) 他被狗咬破了衣服。（中岛，2007）
(4) *夜里我被婴儿哭了。[①]（中岛，2007）

不过，在汉语中也存在着与例（2）相似的间接被动句。如：

[①] 在本书中，句首所使用的标记"?"和"*"分别表示不自然的句子和错误的句子，不再一一说明。

(5) 被她这么一哭，我不知道怎么办才好了。（杨凯荣，1992）

在例（5）中，主语"我"受到了"她哭了"这个事情的间接影响。那么，在汉语中，像例（2）这样的间接被动句到底存不存在？如果存在，这样的被动句具有什么特点？其和例（2）这样的日语间接被动句相比有什么不同？在探讨这个问题之前，我们要先考察日语的间接被动句。

柴谷（1978：135）根据受影响的方式这一语义上的分类方法，将日语被动句分为直接被动句和间接被动句。所谓直接被动句，就是表示"受動文の主語が直接的に他人の動作・行為の影響を受けたり、対象となっている"（被动句的主语直接从他人的动作或者行为那里受到影响，成为该动作或者行为的对象）语义的句子。所谓间接被动句，就是表示"主語が他人の動作や物事のなりゆきの影響を間接的に受けたり、感じたりする"（主语从他人的动作或者事物的发展中，间接地受到或者感受到影响）语义的句子。

与柴谷的分类方法类似，寺村（1982）根据被动句的主语是直接地受到谓语动词所表达的动作的影响还是间接地受到其影响，将日语被动句分为直接受身（直接被动句）和間接受身（间接被动句）。如：

直接被动句：

(6) 直孝は祖母に育てられた（直孝由祖母抚养长大）。
（寺村，1982）

间接被动句：

(7) アーサー王子がラビック王に両親を殺された（亚瑟王的父母被拉维克国王杀害）。（寺村，1982）

寺村（1982）还从语义特点和句法特点的角度对这两类被动句进行

了研究。① 比如在"直孝は祖母に育てられた"（直孝由祖母抚养长大）这个直接被动句中，主格名词"直孝"（直孝）受到谓语动词"育てる"（抚养）的直接影响。而且，该被动句有与其对应的主动句"祖母が直孝を育てた"（祖母抚养直孝）。与此相对，"アーサー王子がラビック王に両親を殺された"（亚瑟王的父母被拉维克国王杀害）这个间接被动句，其主格名词"アーサー王子"受到谓语动词"殺す"（杀）的间接影响。如果将其转换成主动形式"ラビック王がアーサー王子を（に）両親を殺した"的话，该主动句就无法成立。另外，寺村指出"持ち主の受身文"（所有者被动句）是"間接受身文"（间接被动句）的一种。

根据柴谷和寺村的定义，被动句例（1）和例（2）可以看成日语中的间接被动句。

但是，柴谷并未对例（1）和例（2）这样的间接被动句作进一步的分类。与此相对，铃木（1972）将日语被动句分为直接对象のうけみ（直接对象被动句）、あい手の受身（对象被动句）、もちぬしのうけみ（所有者对象被动句）、第三者のうけみ（第三者被动句）。如：

直接对象被动句：

（8）さち子が二郎に殴られた（幸子被二郎打了）。（铃木，1972）

对象被动句：

（9）花子は太郎に算数を教えられた（太郎教花子算数）。（铃木，1972）

---

① 寺村（1982）认为，在语义上直接被动句中的主格名词，从谓语动词的词干所表示的动作那里受到了直接影响，而间接被动句中主格名词受到的是间接影响；在句法上，直接被动句"XガY二〜サレル"具有与其对应的主动句"YガXヲ（二）〜スル"，间接被动句没有与其对应的主动句，如果将"XガY二（Zヲ）〜サレル"转换成"YガXヲ（二）（Zヲ）〜スル"的话，后者将无法成立。

所有者对象被动句：

（10）太郎がスリにさいふをすられた（太郎被小偷偷了钱包）。(铃木，1972)

第三者被动句：

（11）わたしたちはとなりのむすこに一晩中レコードをかけられた（隔壁邻居的儿子放了一晚上唱片，我们被打扰了）。(铃木，1972)

在上述句子中，主语或者话题分别指动词所表示的动作的直接对象、对象、所有者、第三者。

和铃木的分类相似，高桥（2005）根据哪个部分可以成为被动句的主语这一句法特点，将日语的被动句分为直接对象的受身文（直接对象被动句）、間接对象の受身文（间接对象被动句）、持主の受身文（所有者被动句）、第三者の受身文（第三者被动句）。如：

直接对象被动句：

（12）バトンは第一走者から第二走者に渡された（接力棒从第一棒被传到了第二棒）。(高桥，2005)

间接对象被动句：

（13）第二走者が第一走者からバトンを渡された（第二棒被第一棒传了接力棒）。(高桥，2005)

所有者被动句：

(14) 花子が財布をすりにすられた（花子被偷了钱包）。（高桥，2005）

第三者被动句：

(15) わたしは子供につりざおを振り回された（我被孩子们挥到了鱼竿）。（高桥，2005）

高桥指出，在第三者被动句中不属于原句成员的第三者成为句子的主语，且该第三者遭受损害。

此外，日语文法记述研究会（2009）根据原句哪个构成要素成为主语，将被动句分为まともの受身（直接被动句）、持ち主の受身（所有者被动句）、第三者の受身（第三者被动句）。如：

直接被动句：

(16) 洋平ガ　広志ニ　殴ラレタ（洋平被广志打了）。（日语文法记述研究会，2009）

所有者被动句：

(17) 憲二ハ　頭ヲ　広志ニ　殴ラレタ（宪二被广志打了头）。（日语文法记述研究会，2009）

第三者被动句：

(18) 僕ハ　雨ニ　降ラレタ（我被雨淋了）。（日语文法记述研究会，2009）

日语文法记述研究会关于所有者被动句的分类见表 1—1。

表 1-1　日语文法记述研究会关于所有者被动句的分类

所有者被动句	1. 接触点所有者	ヲ格名词的所有者	謙二は肩を小突かれた。
		ニ格名词的所有者	僕は客に肩にもたれられた。
		カラ格名词的所有者	廊下で謙二は手首から手錠を外され、一ばん奥の部屋に連れ込まれた。
	2. 部分、侧面的所有者	与心理活动有关	伴子は自分がいつの間にか左衛子に強く心を惹附けられているのを感じていた。
		与存在的认知有关	北国の港町の、この名もない専門学校は、その事件のために存在を知られるようになった。
		其他	そう考えだすと、周囲をスパイで取り巻かれ、自分までが監視されているような気がしてきた。
	3. 具有状况ヲ格		「～。彼は三、四日前から、部屋を開けていたはずなんだ。」「～。だから、昨日戻ったところを殺された、ということになりますかね。」

　　从柴谷和寺村的分类来看，在直接对象被动句和间接对象被动句中，可以说主语都从他人的动作或者事物的发展中直接地受到或者感受到影响。所以这两种被动句都可以看成直接被动句。与此相反，在所有者被动句和第三者被动句中，主语从他人的动作或者事物的发展中间接地受到或者感受到影响，那么这两种被动句就可以看成间接被动句的下位分类。

　　和柴谷、寺村的分类一样，本书从语义角度将日语的被动句分为直接被动句和间接被动句。直接被动句指主语受到谓语动词所表示的动作的直接影响的被动句。间接被动句指主语从谓语动词所表示的动作那里受到了间接影响。不过，如果只从语义角度进行划分，无法将直接对象被动句/间接对象被动句和所有者被动句/第三者被动句区别开来，考虑到这一点，有必要从句法上对直接被动句和间接被动句作进一步的分类。本书还从句法角度对直接被动句和间接被动句进行下位分类。根据主语是由原句的直接对象充当还是间接对象充当，将直接被动句分为直接对象被动句和间接对象被动句。直接对象被动句指原句动词所表示的动作的直接对象（ヲ格名词）充当主语的被动句。间接对象被动句指原

句动词所表示的动作的间接对象（二格名词）充当主语的被动句。如：

直接对象被动句：

（19）花子は太郎に招待された。（花子被太郎招待了。）←太郎は花子を招待した。（太郎招待了花子。）（高桥，2005）

间接对象被动句：

（20）第二走者は第一走者からバトンをわたされた。（第二棒被第一棒传递了接力棒。）←第一走者が第二走者にバトンを渡した。（第一棒将接力棒传给了第二棒。）（高桥，2005）

根据间接被动句的主语是否由第三者充当，将间接被动句分为所有者被动句和第三者被动句。根据高桥的定义可知，所谓的所有者被动句指"能動構文の補語のしめすモノのもちぬしになっているものが、うけみ構文の主語になる"（原句动作对象的所有者充当主语的被动句），第三者被动句指"もとの文の動作メンバーでないもの（第三者）が主語となり、その第三者がはためいわくをうけることをあらわすうけみ構文である"（并非原句的动作参与者而是第三者充当主语的被动句，且该第三者遭受不幸的被动句）。另外，和日语文法记述研究会（2009）一样，本书也对所有者被动句进行了下位分类。如：

所有者被动句：

（21）花子が財布をすりにすられた。（花子被小偷偷了钱包。）←すりが花子の財布をすった。（小偷偷了花子的钱包。）（高桥，2005）

例（21）中，主动句中的动作对象"財布"（钱包）的所有者"花子"成为被动句的主语，受到"すりが財布をすった"（小偷偷了钱包）

事情的间接影响。

第三者被动句：

（22）わたしは子供につりざおを振り回された。（我被孩子挥了鱼竿。）←子供がつりざおを振りました。（孩子挥了鱼竿。）（高桥，2005）

例（22）中，被动句中的主语"わたし"（我）并不是原句"子供がつりざおを振り回した"（孩子挥了鱼竿）的构成要素，而是作为第三者独立存在。但是，主语"わたし"（我）也间接地受到这个事情的影响，因此这样的被动句称为第三者被动句。

二、关于"AがBにCをVれる・られる"被动句类型的讨论

寺村指出"XがYにZをVられる"[①]这一个表面结构未必都是间接被动句，但关于该表面结构还表示什么样的被动句以及这些被动句有什么结构特点，寺村并未详细论述。因此，本书将通过中日对译语料库中的实例，对"AがBにCをVれる・られる"句型进行探讨。

本书先从中日对译语料库的日语小说中收集"AがBにCをVれる・られる"形式的例句，并对其进行分类，然后统计各类被动句的数量，分别考察其特点。

之所以选择语料库中的小说作为考察范围，是因为小说是反映人们日常生活语言特点的典型素材。为了尽可能收集所有的"AがBにCをVれる・られる"形式的被动句实例，笔者以"を"为前面的搜索词，以"かれ、がれ、され、たれ、なれ、ばれ、まれ、われ、られ"为后面的搜索词，逐句进行检索，共检索到4621个例句，其中有效被动句只有447个。下面就以这447个例句为对象，对"AがBにCをV

[①] 为了与寺村所使用的"XがYにZをVられる"进行区分，本书将使用"AがBにCをVれる・られる"。が格A、に格B、を格C分别表示受动者、施动者、动作对象，V表示谓语动词。

れる・られる"形式的被动句进行考察。

根据调查，可以把具有"AがBにCをVれる・られる"形式的被动句分为直接被动句和间接被动句。其中所有者被动句最多，有270例，占60.4%，超过被动句的一半；间接对象被动句的数量也很多，有155例；直接对象被动句只有10例；第三者被动句不到10例（见表1-2）。

表1-2　"AがBにCをVれる・られる"形式被动句的例句数量和占比

单位：例、%

类型			数量		占比
直接被动句	直接对象被动句		10		2.24
	间接对象被动句		155		34.68
间接被动句	所有者被动句	ヲ格所有者被动句 A和C＝整体和部分	256	270	60.4
		A和C＝整体和整体	4		
		ニ格所有者被动句	8		
		状況的ヲ格所有者被动句	2		
	第三者被动句		8		1.79
例外	间接对象和所有者的被动句		4		0.89

（一）直接对象被动句

在下面的例句中，与被动句（23a）对应的主动句（23b）的ヲ格名词"君"（你）转换成ガ格，成为被动句的主语，所以被动句（23a）是直接对象被动句。

（23）a. こんな、奴隷あつかいをされていて、そんな代弁者みたいな顔はよしなさい！…（当你被当作奴隶对待时，可别像个辩护者一样……）（『砂の女』）

b.（B）が（君）を奴隷あつかいにする。①（B把你当成奴隶。）

---

① 此句为通过日语母语者内省得到的句子。在下文中，未标注出处的汉语例句和日语例句分别是通过汉语母语者和日语母语者内省得到的例句。

被动句（24a）的ヲ格名词表示移动的出发点，被动句（25a）的ヲ格名词表示动作通过的场所。将被动句（24a）和（25a）转换成主动句的时候，即使省略ヲ格名词，与被动句对应的主动句（24c）和（25c）也能成立。之所以这样，是因为被动句中的ヲ格名词"その動詞の指示内容の成立に必要な内的条件ではない"（并不是其动词的指示内容成立所必要的内在条件）。

(24) a. 脱走兵と有為子は海軍病院で親しくなり、そのために妊娠した有為子が病院を追い出されたこと。（逃兵和有为子在海军医院变得很亲密，因此有为子怀孕后被赶出了医院。）（『金閣寺』）

b. ＊（B）が妊娠した有為子を病院を追い出した。

c.（B）が妊娠した有為子を追い出した。（B把怀孕的有为子赶出去了。）

(25) a.「好きな方でしょうな。そう沢山は飲まないが。——自動車とぶつかった時は、確かに酔っ払っていました。大学の教授をしている友達に銀座を引っぱり回されたんです」（喜欢喝酒吧，虽然喝得不多。和自行车撞到的时候，确实喝醉了。被我一个大学教授朋友拉着，在银座转了一圈。）（『あした来る人』）

b. ＊大学の教授をしている友達がAを銀座を引っ張り回した。

c. 大学の教授をしている友達がAを引っ張り回した。（大学教授朋友拉着A出去转了一圈。）

另外，根据主动句（24c）和（25c），可以判断被动句（24a）和（25a）的主语是能动句的ヲ格名词。也就是说，如图1-1所示，主动句中的ヲ格名词（直接对象）转换成ガ格名词，成了被动句的主语。因此，这种类型的被动句属于直接对象被动句。当ガ格名词话题化之后，直接对象被动句就演变成话题句。

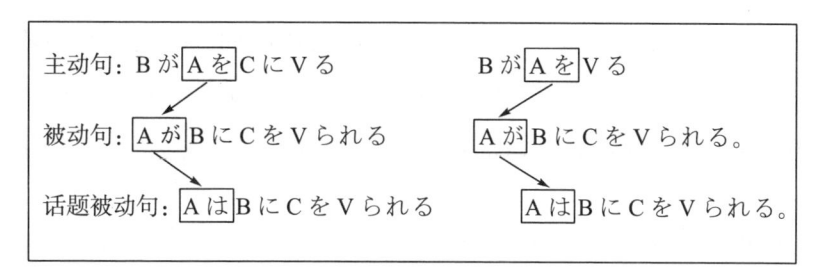

```
主动句：BがAをCにVる            BがAをVる
                ↓                      ↓
被动句：AがBにCをVられる         AがBにCをVられる。
        ↓                              ↓
话题被动句：AはBにCをVられる     AはBにCをVられる。
```

图 1-1　直接对象被动句

但是，被动句的ヲ格名词如果没有省略的话，如例（24b）和例（25b），格助词"ヲ"就会重叠，一般认为这样的句子是无法成立的。但是，关于动词的格支配，森田（2002：138）有如下论述：

格の表す意味が、その動詞の指示内容の成立に必要な内的条件ではなく、その事柄の生起する時や所・手段など外的な状況である場合、たとえ同じ格助詞が並んだとしても意味的に接触しないから、他の格形式に転換しないまま並立することになる。

○公園の中をあちこち捜し回る＋迷子を捜し回る→公園の中をあちこち迷子を捜し回った。

○12時に会う＋彼に会う→12時に彼に会う。

○図書館で勉強する＋テープで勉強する→図書館でテープで勉強する。

格所表示的语义，不是动词指示性内容成立所必需的内部条件，如果是事情所发生的时间、场所、手段等外部情况的时候，即使同一个格助词并列，因为语义上没有发生联系，所以不会转换成其他格形式，而是继续保持并列。

○绕着公园中间到处找＋找迷失的孩子→绕着公园中间到处找迷失的孩子。

○在12点见面＋和他见面→在12点和他见面。

○在图书馆学习＋用磁带学习→在图书馆用磁带学习。

根据森田的论述，可以发现，当同样的格助词并列时，可以不用转换成其他格形式而继续保持并列的话，需要两个条件：第一，格所表示的语义，不是动词指示性内容成立所必需的内部条件；第二，格所表示的语义，是事情所发生的时间、场所、手段等外部情况。换句话说，当同样的格助词并列时，这两个条件中的任何一个不能满足的话，必须转换成其他格形式。

前文提到，主动句（24c）和（25c）之所以可以成立，是因为被动句中的ヲ格名词并不是其动词的指示内容成立所必需的内部条件。因此，被动句（24b）和（25b）的ヲ格都满足第一个条件。

不过，被动句（24a）的ヲ格名词"病院"（医院），并不是事情"妊娠した有為子を追い出した"（赶走了怀孕的有为子）发生的场所，而是出发点，没有满足第二个条件，因此转换成了其他格形式"から"，与之对应的主动句也变成了"（Bが）妊娠した有為子を病院から追い出す"（B从医院赶走了怀孕的有为子）。不过，格形式转换以后，"病院から追い出す"（从医院赶出来）和"病院を追い出す"（赶出医院）这两个短语在语义上有细微的差别。因此，当同样的助词并列的时候，是否要进行格形式的转换，这是今后需要深入探讨的问题。

被动句（25a）的ヲ格名词"銀座"（银座）是事情"大学の教授をしている友達がＡを引っ張り回した"（担任大学教授的朋友拉着Ａ转了一圈）发生的场所，也就是说，可以说成"大学の教授をしている友達がＡを銀座で引っ張り回した"（担任大学教授的朋友拉着Ａ在银座转了一圈），所以满足第二个条件。因此，可以不用转换成其他格形式。在这个意义上，"大学の教授をしている友達がＡを銀座を引っ張り回した"这个句子并不是不能成立。当然"Ａを銀座を引っ張り回した"也可以变成"Ａを銀座に引っ張り回した"。但是，这个句子的语义并不一样，最好对它们进行区别。

（二）间接对象被动句

像以"～が～に～をＶる"形式出现的三价动词，其二格名词和ヲ格名词分别是动词的间接对象和直接对象。那么，该间接对象充当主语的被动句就是间接对象被动句。如：

(26) a. こういう過去の記憶は今丑松の胸の中に復活った。七つ八つの頃まで、よく他の子供に調戯われたり、石を投げられたりした、その恐怖の情はふたたび起って来た。（这些过去的记忆现在又在丑松的脑海中复活了。在他七八岁时，其他孩子经常捉弄他，向他扔石头，他当时的恐惧感再次袭来。）『破戒』

b. 他の子供が丑松に石を投げた。（其他小孩向丑松扔石头。）

(27) a. 女たちも黒人兵を恐れなくなっていた。黒人兵は時には直接に女たちから食物をあたえられた。（妇女们不再害怕黑人士兵。黑人士兵有时直接由妇女喂食。）『飼育』

b. 女たちが黒人兵に食物を与えた。（女人们给黑人士兵食物。）

(28) a. 喜助は村人に、道で会うたびに玉枝のことをきかれた。玉枝の前身をことあらためて披露する必要はなかった。（喜助在街上遇到村民，都会被问起玉枝。枝条以前的事情无须赘述。）『越前竹人形』

b. 村人が喜助に玉枝のことを聞く。（村里人向喜助问玉枝的事情。）

(29) a. 八千代は父から何枚かの紙幣を渡された。（父亲给了八千代几张纸币。）『あした来る人』

b. 父が八千代に何枚かの紙幣を渡した。（父亲给八千代几张纸币。）

如图1-2所示，主动句的二格名词或者ヘ格名词转换成ガ格，成为被动句的主语。当ガ格名词话题化之后，间接对象被动句就演变成话题句。

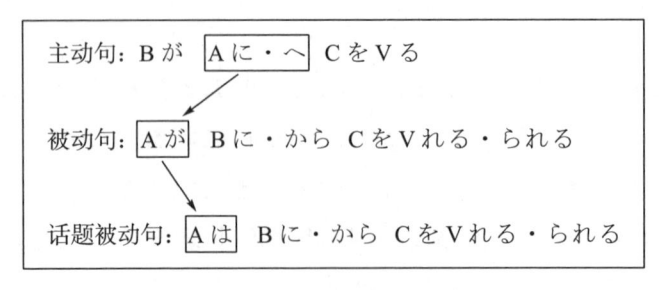

```
主动句：Bが [Aに・へ] CをVる
被动句：[Aが] Bに・から CをVれる・られる
话题被动句：[Aは] Bに・から CをVれる・られる
```

图1-2 间接对象被动句

另外，主动句的ヲ格名词充当主语的被动句则是直接对象被动句。如：

（30）石が他の子供から丑松に投げられた。（石子被其他小孩扔向了丑松。）

（31）食物が女たちから黒人兵に与えられた。（食物被女人们给了黑人士兵。）

（32）玉枝のことが村人から喜助に聞かれた。（玉枝的事情被村里人向喜助问起。）

（33）何枚かの紙幣が父から八千代に渡された。（几张纸币被父亲给了八千代。）

例（30）～例（33）的句子是例（26b）～例（29b）主动句的直接对象被动句，句法形式为"CがAからBにVれる・られる"，所以不是本书的考察对象。

（三）所有者被动句

1. ヲ格所有者被动句

根据A和C的关系，可以将ヲ格所有者被动句分为"A和C是整体和部分的关系"的被动句和"A和C是整体和整体的关系"。在例（34）～例（37）中，A和C是整体和部分的关系。

（34）a. 先生は蒼い透き徹るような空を見ていた。<u>私は私を包む若葉の色に心を奪われていた。</u>（老师望着湛蓝透亮

的天空。我被周围嫩叶的颜色迷住了。)(『こころ』)

b. 私を包む若葉の色が私の心を奪っている。(周围嫩叶的颜色迷住了我的心。)

(35) a. 閑間さん、顔をどこかで打たれましたね。皮が剥けて色が変わっております。痛いでしょう、痛そうです。(闲间先生，你的脸被打伤了。皮肤脱皮了，颜色也变了。一定很疼，看起来很痛苦。)(『黒い雨』)

b. (Bが) 閑間さんの顔を打った。(B打了闲间的脸。)

(36) a. 丑松は素知らぬ顔、屋外の方へ向いて、物寂しい霙の空を眺めていたが、いつの間にか後の方へ気を取られる。(丑松是个陌生人，他转向户外，望着沉闷的飘着雪花的天空，但没过多久，他就被后者吸引住了。)(『破戒』)

b. 後の方が丑松の気を取る。(后者吸引了丑松。)

(37) a. 柳川庄司というのは本社を神戸に持つ戦前から名前を知られた貿易会社で、戦争のおかげで一時は崩壊同然の憂目を見たが、また三四年前から盛り返して、その存在を現わしてきている。(柳川庄司是一家有名的战前贸易公司，总部设在神户，虽然战争一度使它濒临倒闭，但在过去的三四年里，它一直在尝试东山再起，重新崛起。)(『あした来る人』)

b. (Bが) 貿易会社の名前を知る。(B知道贸易公司的名字。)

从以上例子可以发现，主动句的ヲ格名词的所有者（我、闲间、丑松、贸易公司）转换成了ガ格，成为被动句的主语。当ガ格名词话题化之后，ヲ格所有者被动句就演变成话题句（如图1—3所示）。

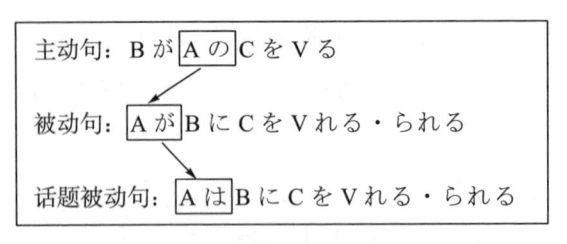

```
主动句：B が A の C を V る
被动句：A が B に C を V れる・られる
话题被动句：A は B に C を V れる・られる
```

图 1-3 ヲ格所有者被动句类型一

这样的被动句是ヲ格所有者被动句，在所有者被动句中，甚至在所有的"AはBにCをVれる・られる"形式的被动句中，占了最大的比例，可以说是典型的例子。

在这些被动句中，A和C是整体和部分的关系。ヲ格名词C中，既有具体性名词（134例），又有抽象性名词（108例），各自占的比例大体相同（见表1-3）。但是，与身体有关的名词有107例，占了所有ヲ格名词的41.8%，在具体性名词中所占的比例达到了79.85%。

表 1-3 A和C=整体和部分关系中ヲ格名词C的类型

具体性名词134例	与身体有关的名词107例	心11例	63例
		足11例	
		胸10例	
		颜6例	
		手6例	
		鼻4例	
		肩3例	
		体3例	
		躯3例	
		耳2例	
		喉2例	
		首2例	
	其他44例		
	其他27例		
抽象性名词108例			

在例（38）和例（39）中，A和C是整体和整体的关系。

（38）a. 深い雪の上に晒した白麻に朝日が照って、雪か布かが紅に染まるありさまを考えるだけでも、夏のよごれが取れそうだし、わが身をさらされるように気持ちよかった。（只要一想到清晨的阳光照在深雪上裸露的白色亚麻布上，以及雪或布变成红色的样子，似乎就能去除夏天的污垢，就像自己接受阳光的洗礼一样感觉真好。）（『雪国』）

b.（Bが）Aのわが身をさらす。（B让A接受太阳的洗礼。）

（39）a. 自分の未完成や、自分の世間知らずがわかっているだけに、自分をあからさまに知られることに自信がなかった。（我没有自信公开自己的身份，因为我知道自己是不完整的，是幼稚的。）（『青春の蹉跌』）

b.（Bが）Aの自分をあからさまに知る。（B公开地知道A。）

以上被动句中，ヲ格名词C主要表示"自分、わが身"等，是整体的语义，ガ格名词A（主语）是第一人称，A和C并不是整体和部分的关系，而是整体和整体的关系。不过，因为A是C的所有者，所以这样的被动句归为所有者被动句。

而且，在这些句子中，主动句的ヲ格名词的所有者转换成了ガ格，成为被动句的主语。当ガ格名词话题化之后，ヲ格所有者被动句就演变成话题句（如图1-4所示）。

主动句：Bが A の C をVる
被动句：A が BにCをVれる・られる（C=整体）
话题被动句：A は BにCをVれる・られる（C=整体）

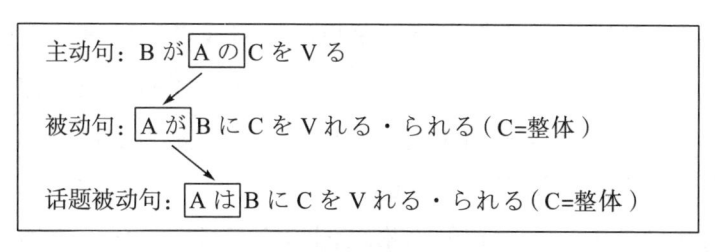

图1-4　ヲ格所有者被动句类型二

2. 二格所有者被动句

例（40a）～例（42a）是二格所有者被动句，例（40b）～例（42b）是与其对应的主动句。

(40) a. 男は、脇の下に、ロープをかけられ、荷物のように、再び穴のなかに吊り下ろされた。(男人被一根绳子吊在腋下，就像一件行李，然后被吊回洞里。)(『砂の女』)

　　b. (Aが)男の脇の下に、ロープをかける。(A往男的腋下吊了一根绳子。)

　　(41) a. 己は見事に恥を掻かされた、男の面へ泥を塗られた。(我成功地受到了羞辱，丢尽了颜面，我的男子汉气概被抹上了污泥。)(『痴人の愛』)

　　b. (Aが)男の面へ泥を塗った。(A给男人的脸面抹上了污泥。)

　　(42) a. それはそれでよかった。しかし母によって野心に火を点ぜられて以来、十七歳の私の目は、時折老師を批判してみるようになっていた。(这很好。但自从母亲点燃了我的雄心壮志，我17岁的眼睛偶尔也会挑剔地看一看老大师们的作品。)(『金閣寺』)

　　b. (私が)母によって、(私の)野心に火を点ぜられる。(我被母亲点燃了我的雄心壮志。)

　　从上述例子可以看出，二格所有者被动句的表面结构是"Aが(Bに・によって)AのDにCをVれる・られる"，D表示整体A的部分，动作主(Bに)一般都省略，这里的二格或者ヘ格表示谓语动词接触的场所。很多二格所有者被动句省略了动作主二格，或者像例(42a)这样用"によって"表示动作主。之所以这样，是为了避免同一句法结构中两个二格引起的语义理解上的错误。

　　在这些句子中，主动句的二格名词的所有者转换成了ガ格，成为被动句的主语。当ガ格名词话题化之后，二格所有者被动句就演变成话题句(如图1—5所示)。

```
主动句：BがAのDにCをVる
被动句：Aが（Bに・によって）A(の)DにCをVれる・られる
话题被动句：Aは（Bに・によって）A(の)DにCをVれる・られる
```

图 1-5　二格所有者被动句

3. 表示状况的ヲ格所有者被动句

根据 C 的特点，可以将表示状况的ヲ格所有者被动句分为 "C=～ところを"被动句和"C≠～ところを"被动句。例（43a）和例（44a）分别是"C=～ところを"被动句和"C≠～ところを"被动句，与其对应的主动句分别是例（43b）和例（44b）。

(43) a. 地面に転がった一人の子は這い起きて、これは跛をひきながら駆け去った。トラックの枠に腰かけていたところを吹き落されたものらしい。(一个滚在地上的孩子爬了起来，这个孩子瘸着腿跑开了。显然，这个孩子被吹走时正坐在一辆卡车的车架上。)(『黒い雨』)

b.（Bが）「一人の子がトラックの枠に腰かけていたところ」を吹き落す。(一个孩子正坐在一辆卡车的车架上时，刮风了。)

(44) a. 自分は入院中をやられて、一人でここへ来たのであります。(我在住院过程中被袭击，一个人来到了这里。)(『野火』)

b.（Bが）「自分の入院中」をやる。(在自己住院的时候，B进行了袭击。)

在这些句子中，主动句的ヲ格名词转换成了ガ格，成为被动句的主语。当ガ格名词话题化之后，在表示状况的ヲ格所有者被动句中，ガ格名词成为话题（如图 1-6、1-7 所示）。

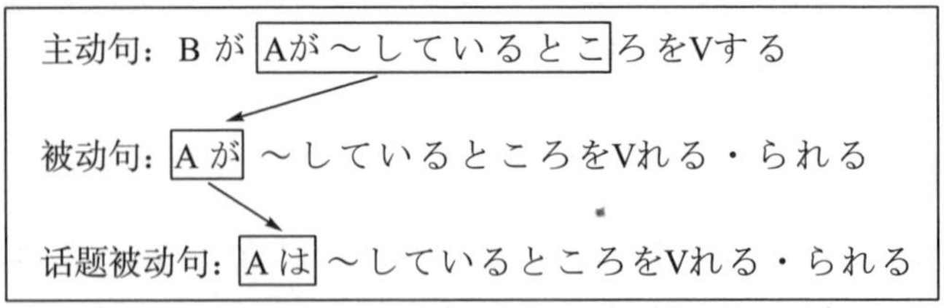

```
主动句：Bが Aが～しているところをVする
被动句：Aが ～しているところをVれる・られる
话题被动句：Aは ～しているところをVれる・られる
```

图 1-6 "C=～ところを"被动句

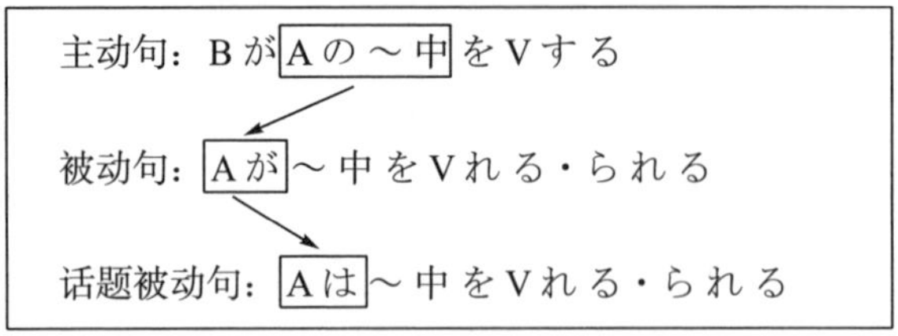

```
主动句：Bが Aの～中をVする
被动句：Aが ～中をVれる・られる
话题被动句：Aは ～中をVれる・られる
```

图 1-7 "C≠～ところを"被动句

表示状况的ヲ格的所有者被动句只有两例，不过，日语文法记述研究会（2009）对该类型的被动句进行了详细的说明：

> 受身文のガ格と状況のヲ格には、状況のヲ格で表されている事態・出来事が、ガ格によって表されている存在によって引き起こされたものである、ということにおいて、分離不可能な全体・部分（側面）の関係にある。その意味で、このタイプの受身にあっても、受身文ガ格は、ヲ格で表される事態の分離不可能な持ち主である、ということになる。[被动句中的ガ格和表示状况的ヲ格之间，存在着不可分割的整体部分（方面）的关系，即状况ヲ格所表示的情境或者事件是由ガ格表示的存在引起的。从这个意义上说，即使在这类被动句中，被动句的ガ格是ヲ格所表示事件的不可分割的所有者。]

在例（43a）中，状况ヲ格所表示的事件"トラックの枠に腰かけていたところ"（坐在卡车车架上）与主语"一人の子"（一个孩子）之间是不可分割的整体和部分（侧面）的关系。例（44a）也是一样，可以变成"自分は（自分の）入院中をやられた"（自己在住院过程中被偷袭）。

三、第三者被动句

例（45a）、例（46a）、例（47a）是第三者被动句，例（45b）、例（46b）、例（47b）是与其对应的主动句。被动句中的受影响者"里子""女""私"，在原来的主动句中并不存在，是新增的第三者，受谓语动词的间接影响。

(45) a. 伊三郎が出た留守は戸に鍵をかけられ、里子は八条の軒のひくい長屋の暗い奥で待っていたものだ。（伊二郎不在，门上了锁，而里子则在八条一栋低矮长屋的黑暗角落里等着他。）（『雁の寺』）

b. 伊三朗が戸に鍵をかける。（伊三朗给门上了锁。）

(46) a. 覚えていますわよ。女は夫に自分より大切なものを持たれたら、やりきれないわ。（我记得。如果丈夫有比她更重要的事情，女人就不行。）（『あした来る人』）

b. 夫は女より大切なものを持つ。（丈夫拥有比女人更重要的东西。）

(47) a. そう言って、もう二重廻しをひっかけ、下駄箱から新しい下駄を取り出しておはきになり、さっさとアパートの廊下を先に立って歩かれた。（说完，已经穿上和服外套，从鞋盒里拿出一双新木屐，穿上后抢先快步走在公寓的走廊上。）（『斜陽』）

b. Bがアパートの廊下を先に立って歩いた。（B抢先走在公寓的走廊上。）

在这些句子中，主动句中不存在的受影响者成为被动句的主语。当该名词话题化之后，第三者被动句就演变成话题句（如图1-8所示）。

```
主动句：BがCをVる
被动句：AがBにCをVられる。
话题被动句：AはBにCをVられる。
```

图 1-8　第三者被动句

四、对象和所有者被动句

例（48a）～例（51a）中带下画线的被动句既属于间接对象被动句，又属于所有者被动句。这是因为与这些被动句对应的主动句的形式有两种可能性。第一种是像（48b）～例（51b）这样的形式，以这些主动句的ニ格名词为主语的被动句就是间接对象被动句；第二种是例（48c）～例（51c）这样的形式，以这些主动句中ヲ格的所有者为主语的被动句就是所有者被动句。

（48）a. 殊に父はその母から責任を追及され、さらにその子からも責任を追及される。（特别是，父亲要对母亲负责，又要对子女负责。）（『青春の蹉跌』）

　　b. その母が父に責任を追及する。（那个母亲向父亲追究责任。）

　　c. その母が父の責任を追及する。（那个母亲追究父亲的责任。）

（49）a. 殊に父はその母から責任を追及され、さらにその子からも責任を追及される。（特别是，父亲要对母亲负责，又要对子女负责。）（『青春の蹉跌』）

　　b. その子が父に責任を追及する。（那个孩子向父亲追究责任。）

　　c. その子が父の責任を追及する。（那个孩子追究父亲的责任。）

（50）a. そのとき私は気づいたのだが、老師のそのうず

くまった姿は、僧堂入衆の歎願を拒まれた行脚僧が、玄関先で終日自分の荷物の上に頭を垂れて過ごすたあの庭詰の姿勢に似ていた。(我当时注意到，大师蹲下的姿势就像一个在寺院门口被拒之门外的和尚，整天把头垂在行李上。)(『金閣寺』)

b.（Aが）行脚僧に僧堂入衆の歎願を拒んだ。(A 拒绝了行脚僧进入寺院。)

c.（Aが）行脚僧の僧堂入衆の歎願を拒んだ。(A 拒绝了行脚僧进入寺院。)

(51) a. わかりました。田村一等兵はこれより直ちに病院に赴き、入院を許可されない場合は、自決いたします。(明白。一等兵田村现在将立即前往医院，如果不允许他留在医院，他将自杀。)(『野火』)

b.（病院が）田村一等兵に入院を許可しない。(医院不允许一等兵田村住院。)

c.（病院が）田村一等兵の入院を許可しない。(医院不允许一等兵田村住院。)

在这些句子中，主动句的ニ格名词或者ヲ格的所有者转换成了ガ格，成为被动句的主语。当ガ格名词话题化之后，ガ格名词就成为话题（如图 1-9、1-10 所示）。

```
主动句：Bが Aに Cをv る
被动句：Aが Bに・からCをvれる・られる
话题被动句：Aは Bに・からCをvれる・られる
```

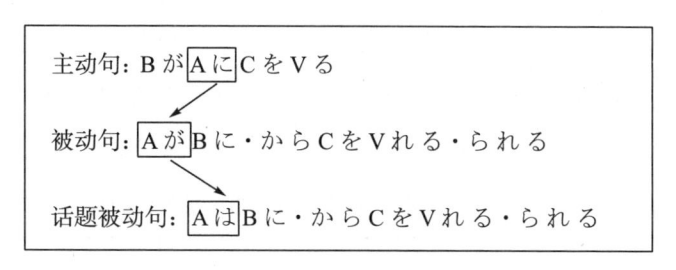

图 1-9　间接对象被动句

```
主动句：BがAのCをVる
被动句：AがBに・からCをVれる・られる
话题被动句：AはBに・からCをVれる・られる
```

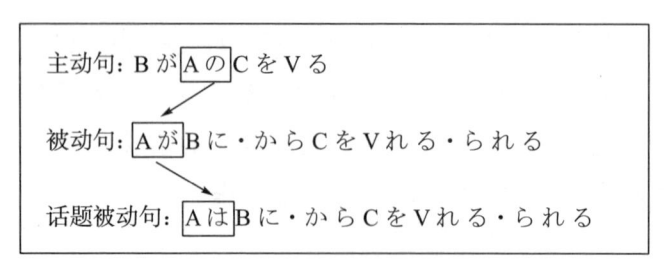

图 1-10 所有者被动句

另外，判断被动句种类的时候，很多情况下是将被动句和与其相对应的主动句进行比较，之后才确定被动句的种类。但是，与例（48a）～例（51a）的被动句对应的主动句有两种可能性的时候，被动句的种类就很难判断。

五、总结

具有"AがBにCをVれる・られる"形式的被动句包括直接被动句和间接被动句，具体结果见表 1-4。这些被动句中，所有者被动句所占的比例超过了 50%，与其对应的主动句的ヲ格名词或者ニ格名词的所有者，是所有者被动句的主语。另外，名词C中很多是与身体有关的名词。间接对象被动句占了三分之一，动词V一般是"～が～に～をVる"这样的三价动词。主动句的ニ格转换成ガ格，成为被动句的主语。但是，与所有者被动句和间接对象被动句相比，直接对象被动句和第三者被动句的数量不足 5%。

这次考察只收集了中日对译语料库中的小说例句，所以数据不太充分。今后将对与具有"AがBにCをVれる・られる"形式的所有者被动句对应的汉语译文进行考察。从汉语的角度重新审视日语中的所有者被动句，对其句法特点和语义特点进行深入的研究。

表 1-4 "AがBにCをVれる・られる"被动句的具体情况

直接被动句	直接对象被动句	AがBにCをVられる BがAをVる　　BがAをCにVる

续表1-4

直接被动句	间接对象被动句		AがBに・からCをVられる BがAに・へCをVる
间接被动句	所有者被动句	ヲ格所有者被动句 AとC=整体和部分 AとC=整体和整体	AがBにCをVられる BがAのCをVる
		二格所有者被动句	AがBに(Aの)DにCをVられる BがAのDにCをVる
		状況ヲ格所有者被动句 C="～ところを"	Aが～しているところをVられる BがAが～しているところをVする
		C≠"～ところを"	Aが～中をVれる・られる BがAの～中をVする
	第三者被动句		AがBにCをVられる BがCをVる
特别	间接对象和所有者被动句		AがBに・からCをVれる・られる BがAにCをVる
			AがBに・からCをVれる・られる BがAのCをVる

第二节　汉日第三者被动句的对比

　　日语的被动句中存在着间接被动句，表示"主语间接地受到或者感受到他人的动作以及事物发展的影响"（柴谷，1978：135）。本书把间接被动句分为所有者被动句和第三者被动句。在汉语中，一般认为存在着与日语所有者被动句对应的被动句，不存在与日语第三者被动句对应的被动句。但王曙光（1985）、杨凯荣（1992）等通过实例指出汉语中存在着由自动词构成的第三者被动句。另外，从在各类语料库中收集到

的被动句看，汉语中确实存在着与日语第三者被动句相似的被动句。那么，汉语中的第三者被动句具体有什么样的特征？其与日语的第三者被动句有什么不同呢？接下来将针对这些问题展开分析。

根据前文的被动句分类，可知例（52）和例（53）分别是所有者被动句和第三者被动句。

(52) 彼は犬に衣服を咬まれた。（中岛，2007）
(53) 私は夜中に子供に泣かれた。（中岛，2007）

不过，本节只对例（53）这样的第三者被动句进行考察。根据高桥（2005：68）的关于第三者被动句的定义可知，在结构上第三者被动句的主语并不是动作的参与者，而是动作之外的第三者，在语义上该第三者间接地受到不好的影响。但是，第三者被动句中的第三者未必是受到了不好的影响，其实，第三者没有受到不好影响的句子也是存在的。如：

(54) 夏の夕暮れ、ベランダで<u>（私が）風に吹かれながら</u>、ビールを飲むのが、私は好きだ（在夏天的日落时分，我喜欢坐在长椅上，一边吹着微风，一边喝着啤酒）。（日语文法记述研究会，2009）

例（54）中作为第三者的"私"（我）从"風が吹く"（风吹着）这个事情里间接地受到了好的影响。因此，第三者被动句中的主语即使没有受到不好的影响，也会受到间接影响。

在日语中，第三者被动句指句法上主语不是原来主动句的动作成员，而是作为第三者独立存在的；语义上主语或者受影响，或者受到别人的行为或者事物的间接影响。那么，在汉语中，像日语第三者被动句那样的句子是否存在？

杨凯荣（1992）通过例（55）和例（56），指出汉语中存在由自动词构成的第三者被动句：

(55) **被**他这么一坐，我什么都看不见了。（杨凯荣，1992）

(56) **被**她这么一哭，我不知道怎么办才好了。（杨凯荣，1992）

王曙光（1985）认为在汉语中存在着像日语第三者被动句这样的句子：

(57) 他的恐惧就由**被人夺了**"头功"一转而为身家性命之危了。（王曙光，1985）

(58) 官军追杀一阵，因为地形复杂，终**给**郝摇旗逃脱了。（王曙光，1985）

为了验证杨凯荣和王曙光所论述的第三者被动句是否存在，这里通过"被""叫""给""让"这四个表示被动语态的标记，对中日对译语料库的汉语原文和获茅盾文学奖的作品进行了调查统计，结果见表1—5：

表1—5 汉语第三者被动句的数量

动词的种类	被动标记				总计
	被	叫	给	让	
自动词	20例	8例	7例	23例	58例
他动词	3例	0例	0例	19例	22例
四字熟语	1例	0例	0例	1例	2例
总计	24例	8例	7例	44例	82例

从表1—5可知，在汉语中第三者被动句是存在的，笔者共收集了82个例句。其中，最多的是像例（59）这样的由自动词构成的第三者被动句，共58例，占总数的71%；其次是例（60）这样的由他动词构成的第三者被动句，共22例。除了自动词和他动词，像例（61）这样

的由"四字熟语"构成的第三者被动句虽然存在，但数量非常少，只有两例。

(59) 柳原笑道："这样好吃力。我来替你打罢，你来替我打。"流苏果然留心着，照准他臂上打去，叫道："哎呀，<u>让它跑了</u>！"(《倾城之恋》)

(60) 我家主人感到十分为难，如果拟旨准行，则<u>让高拱抢了头功</u>，从此事情就不好办。(《张居正（上）》)

(61) 自从<u>被江古碑和朱预道引蛇出洞</u>、又被造反派抓住之后，梁必达先后被批斗了十二次，要不是中央有人出面说话，肯定是没命了。(《历史的天空》)

一、与第三者被动句相关的研究

虽然学界已有与汉日语第三者被动句有关的对比研究，但只是散见的，并未有专门的研究。如凌蓉（2005）在进行汉日被动句的对比研究时，就第三者被动句的主语、行为者和谓语动词进行了探讨，对日语第三者被动句中所使用的动词也进行了分类，但并未涉及对这些动词的调查和分析。

王曙光（1985）通过例（62）至例（65），指出汉语中有和日语第三者被动句对应的句法形式。例（62）和例（64）是由他动词构成的第三者被动句，其基本句型分别是"N1 ハ・N2 ニ・N3 ヲ・V（ラ）レル"和"N1 介词・N2・V・（R）・N3"[①]；例（63）和例（65）是由自动词构成的第三者被动句，其基本句型分别是"N1 ハ・N2 ニ・V（ラ）レル"和"N1 介词・N3・V（R）"。[②]

(62) 私は隣に二階を建てられた。[我家的边上建了一幢

[①] N1=被动句的主语（间接受影响者）、N2=施动者、N3=宾语、V=他动词、R=补语。
[②] N1=被动句的主语（间接受影响者）、N2=施动者、N3=宾语、V=自动词、R=补语。

两层建筑。（因此，我很不开心。）］（王曙光，1985）

（63）田中老人は娘にその青年と結婚された。［田中老人的女儿和那个青年结婚了（因此，田中老人很不开心。）］（王曙光，1985）

（64）他的恐惧就由**被人夺了"头功"**一转而为身家性命之危了。（王曙光，1985）

（65）一定**叫跑了一个**，你事先埋伏的队员，不是每个人都分好了么？（王曙光，1985）

遗憾的是王曙光并未对这些被动句中的谓语动词和表示结果影响的成分等进行详细的探究，也没有提及语义特征。

中岛（2007：99）基于例（66）和例（67），通过对比汉日两种语言中的第三者被动句，提出"中国語においても、自動詞の受身が成立する場合がある。'被'によって導かれる補文の事態が原因を表し、結果を表す'得'補語が後接する場合である"（在汉语中，也有自动词构成被动形式的情况。即由"被"引导的成分表示原因，其后是表示结果的"得"补语）。

（66）＊夜里我被婴儿哭了。（中岛，2007）
（67）夜里我被婴儿哭得睡不着觉。（中岛，2007）

中岛对包含"得"字补语的第三者被动句进行了考察，而关于其他的第三者被动句，比如例（65）这样的不包含"得"字补语的第三者被动句的内容则未涉及。

可见学界对第三者被动句的汉日对比研究还不太充分，也没有从语义特征和句法特征这两个角度出发进行的专门研究。

二、第三者被动句的分类和基本句型

（一）日语第三者被动句的情况

根据谓语动词是自动词（transitiveverb）还是他动词（intransitiveverb），

日语的第三者被动句可分为第三者自动词被动句和第三者他动词被动句。前者指的是以自动词为谓语动词的第三者被动句，后者指的是以他动词为谓语动词的第三者被动句。因此，本书将日语中的第三者被动句的基本句型规定如下：

第三者自动词被动句：(N1 が/は)① ＋ (N2 に) ＋自 V (ら) れる＋ (R)

注：N1＝间接受动者（主语）、N2＝动作者、自 V＝动作（自动词）、R＝结果性影响。

(68)「ええ、<u>大宮に行かれると</u>、僕はもう話相手がなくなります（如果大宫去了的话，那么我就没有说话的对象了）」（『友情』）

在例（68）下画线标注的被动结构中，主语"僕"（我）不是原句"大宮が行く"（大宫去了）的动作参与者，所以没有受到动词"行く"（去）的直接影响，而是从"大宮が行く"（大宫去了）这个事情中受到了间接影响，因此下画线标注的被动结构在语义上可以称为第三者被动句。在句法上，与原句"大宮が行く"（大宫去了）相比，受到影响的第三者"僕"（我）是新增加的构成要素，而且作为被动结构谓语动词所使用的"行く"（去）是自动词，所以下画线标注的被动结构在句法上也可以称为第三者被动句。

第三者他动词被动句：(N1 が/は) ＋ (N2 に) ＋N3 を＋他 V (ら) れる＋ (R)

注：N1＝间接被动句（主语）、N2＝动作者、N3＝动作对象（目的语）、他 V＝动作（他动词）、R＝结果性影响。

(69)「覚えていますわよ。<u>女は夫に自分より大切なものを持たれたら</u>、やりきれないわ。（我记得，当丈夫有比她更

---

① 在本书中，可以省略的构成元素用括号标示，不再说明。

重要的事情时，女人是做不到的）」（『あした来る人』）

在例（69）的被动结构中，主语"女"（女人）不是原句"夫が自分より大切なものを持つ"（我丈夫有比我更重要的东西）中的动作成员，与动词"持つ"（拥有）没有关系，但会受到由这个动词所产生的事件"夫が自分より大切なものを持つ"（我丈夫有比我更重要的东西）的影响，也就是间接影响，因此在意义上它是一个第三者被动句。另外，从句法上看，该句也可以视为第三者被动句，因为受影响者"女"（女人）是新增加的第三者，而且作为被动结构的谓语动词"持つ"（拥有）是及物动词。

（二）汉语第三者被动句的情况

根据谓语的特点（即是四字熟语还是自他动词），这里将汉语第三者被动句大致分为第三者特殊被动句和第三者非特殊被动句。将四字熟语充当谓语的第三者被动句称为第三者特殊被动句，而将以自动词或者他动词充当谓语的第三者被动句被称为第三者非特殊被动句。此外，根据谓语动词是自动词还是他动词，第三者非特殊被动句又可细分为第三者自动词被动句和第三者他动词被动句。与日语中由自动词和他动词构成的第三者被动句的定义一样，本书将汉语中自动词充当谓语的第三者被动句称为第三者自动词被动句，将他动词充当谓语的第三者被动句称为第三者他动词被动句。

根据从中日对译语料库、茅盾文学奖获奖作品和先行研究中所收集到的例句的句法特点，可以发现自动词表示逃跑语义的第三者自动词被动句有34例，超过了汉语第三者被动句数量的一半。其他的第三者自动词被动句只有24例，而且作为谓语的自动词的类型也各不相同。因此，根据是否使用自动词"逃"，笔者将汉语第三者自动词被动句大致分为非"逃"字自动词被动句和"逃"字自动词被动句。有趣的是，在表1-6中，在24例非"逃"字自动词被动句中，有7例是使用"一"字的第三者自动词被动句，有17例是使用"得"字的第三者自动词被动句。这里将带"一"字的第三者自动词被动句称为"'一'＋自V"被动句，将使用"得"字的第三者自动词被动句称为"自V＋'得'"

被动句。因此，非"逃"字自动词被动句又可分为""一'＋自V"被动句和"自V＋'得'"被动句两类（见表1－6）。

表1－6　汉语第三者自动词被动句的种类和数量

第三者自动词被动句	非"逃"字自动词被动句		"逃"字自动词被动句
	"'一'＋自V"被动句	"自V＋'得'"被动句	
数量	7例	17例	34例
总计	24例		34例

综上所述，汉语的第三者被动句可以按图1－11进行分类。

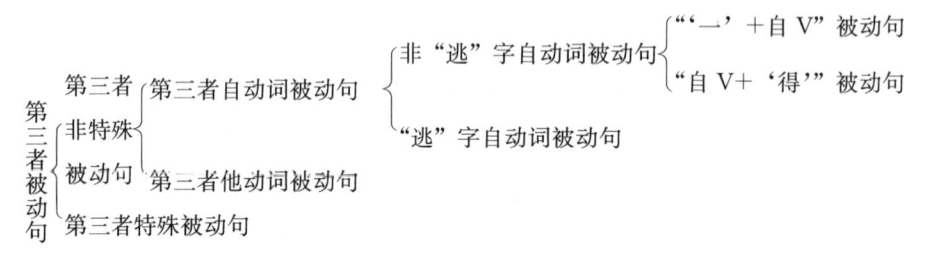

图1－11　汉语第三者被动句的分类

根据图1－11分类，下面逐一分析汉语第三者被动句的基本句型。

1. 汉语第三者特殊被动句的基本句型

第三者特殊被动句：(N1)＋被动句标记＋N2＋四字熟语

注：N1＝间接被动句（主语）、N2＝动作主。

（70）自从**被**江古碑和朱预道**引蛇出洞**，又被造反派抓住之后，梁必达先后被批斗了十二次，要不是中央有人出面说话，肯定是没命了。（《历史的天空》）

四字短语可以失去原有的含义，表达出新的、更深刻的含义。此外，在语言的历史长河中，它们已经成为固定的短语。例（70）中的"引蛇出洞"，原意是"把蛇从洞里引出来"，但现在常用的意思是"引诱坏人或敌人，使其从隐蔽的地方出来，使其暴露"。在这个被动句中，主语"梁必达"并不是原句"江古碑和朱预道引蛇出洞"的动作参与者，而是存在于该句所描述的事件之外。他们间接地受到句子所描述事

件的影响，因此在语义上可以说是一个第三者被动句。从存在第三者和四字短语充当谓语动词这两点来看，在句法上这与第三者特殊被动句是一致的，因此在句法上它也是一个第三者被动句。

2. 第三者他动词被动句的基本句型

> 第三者他动词被动句：(N1)＋被动词标记＋N2＋他V＋"了、尽"＋N3＋(R)

注：N1＝间接被动句（主语）、N2＝动作主、他V＝动作（他动词）、N3＝动作（宾语）、R＝结果性影响。

(71) <u>我家主人</u>感到十分为难，如果拟旨准行，<u>则让高拱抢了头功</u>，从此事情就不好办，如果驳回折子，又怕得罪李贵妃，日后更难办事。[《张居正（上）》]

在例（71）中，主语"我家主人"不是原句"高拱抢了头功"中的动作成员，而是存在于事件之外，间接受到事件的影响。从语义的角度看，它可以看作一个第三者被动句。此外，与原句相比，主语"我家主人"是新引入的第三方，且谓语动词使用了他动词"抢"，从句法角度看，也可将其视为第三者他动词被动句。该句在句法上也与本书归类的第三者他动词被动句一致。

3. "逃"字自动词被动句的基本句型

> "逃"字自动词被动句：(N1)＋被动词标记＋N2＋自V＋"了"、"脱"など＋(R)

注：N1＝间接被动句、N2＝动作主、自V＝动作（表示"逃跑"语义的自动词）、R＝结果性影响。

(72) 柳原笑道："这样好吃力。我来替你打罢，你来替我打。"流苏果然留心着，照准他臂上打去，叫道："哎呀，<u>让它跑了</u>！"（《倾城之恋》）

在例（72）中，主语（＝说话者）"流苏"不是原句"它跑了"的

动作成员，而是存在于"它跑了"事件之外，并间接受到该事件的影响。从语义上说，这是一个第三者被动句。在原句"它跑了"中新加入了主语"流苏"作为第三者，用作谓语动词，因此例（72）中的被动句可视为第三者自动词被动句。此外，由于表达"逃跑"意思的自动词"跑"在这个被动句中用作谓语动词，因此在句法上与本书的"逃"字自动词被动句分类一致。

4. "'一'字＋自V"被动句的基本句型

> "'一'字＋自V"被动句：N1＋被动句标记＋N2＋"一"＋自V＋R

注：N1＝间接被动句（主语）、N2＝动作主、自V＝动作（自动词）、R＝结果性影响。

（73）<u>我被几个大个儿在前面一站</u>，一点儿也看不见了。
（王曙光，1985）

例（73）中的主语"我"存在于事件"几个大个儿在前面站着"之外，虽然"我"与"大个儿"的动作"站着"无关，但"我"间接受到了这一事件的影响，导致"我""什么也没看见"，因此从语义上讲，例（73）是一个"第三者被动句"。主语"我"并不是原句"几个大个儿在前面站着"的动作参与者，而是第三方。而且谓语动词是一个自动词"站"，从句法上看，这个被动句可视为第三者自动词被动句。在这个被动句中，量词"一"属于汉语条件句"一……就……"的变体。由于这些句子中出现了"一"字，所以例（73）这样的第三者自动词被动句可以称为"'一'＋自V"被动句。

5. "自V＋'得'"被动句的基本句型

> "自V＋'得'"被动句：N1＋被动句标记＋N2＋自V＋"得"＋R

注：N1＝间接被动句（主语）、N2＝动作主、自V＝动作（自动词）、R＝结果性影响。

（74）玉娘不吭声，张居正又道："是不是怪我几天未曾来陪你，又生我的气了？"玉娘闻听此言，反而肩膀一耸哭出声

来，张居正**被**她**哭**得手足无措，正不知如何解劝……［《张居正（下）》］

在画线的被动结构中，主语"张居正"不是原句"她哭了"的动作成分，而是直接受动作"哭了"的影响。"张居正"则间接受到"她哭了"这一事件的影响，因此在语义上可以称为第三者被动句。与原句相比，主语"张居正"是新添加的第三方，自动词"哭"在被动结构中用作谓语动词，因此在句法上它是一个第三者被动句。此外，自动词"哭"后接"得"字补语"'得'＋R"，所以例（74）这样的被动句可称为"自V＋'得'"被动句。

从上述基本句型来看，无论日语还是汉语，间接受动者 N1、动作主语 N2 和动作 V 一般都是第三者被动句不能缺少的成分。换句话说，这三个要素是构成第三被动句的基本要素。然而，汉语的成分远比日语复杂，也就是说，汉语中形成第三被动句的条件比日语苛刻得多。

三、第三者被动句句法特征的汉日对比

（一）第三者特殊被动句

根据谓语动词是自动词还是他动词，日语第三者被动句可以分为第三者自动词被动句和第三者他动词被动句。但是，在汉语的第三者自动词被动句中，除了第三者自动词被动句和第三者他动词被动句之外，还包括四字短语充当谓语的第三者特殊被动句。如：

（75）七想八想，只能祈求毛主席他老人家保佑她，让她的下家还在家里，不要让她的上家<u>捷足先登</u>。[《茶人三部曲（下部）》]

在例（75）中，主语"她"不是原句"她的上家捷足先登"的动作成员，而是存在于事件之外，间接地受到事件的影响。从语句的角度来看，可以称为第三者被动句。与原句"她的上家捷足先登"相比，主语

"她"是新加入的第三者。此外，四字短语还被用作谓语部分，从句法的角度来看，也可以称为第三者特殊被动句。

（二）日语第三者自动词被动句的结果影响

这里所说的"结果影响"，指第三者被动句的主语或者间接受影响者受到他人情况的间接影响，简单地说就是对主语或者对间接受影响者的影响。

从中日对译语料库中所收集到的日语第三者自动词被动句可以看出，所有被动句都有表示结果影响的成分。一般来说，如果动词不使用 ta 形式，表示结果影响的成分需要明示；如果动词使用 ta 形式，表示结果影响的成分不一定需要明示。比如：

（76）「ええ、大宮に行かれると、僕はもう話相手がなくなります」（是的，如果大宫去了的话，我就没有可以说话的人了。）（『友情』）

（77）病院内で騒ぎ立てられては困るという理由からか、面会は14歳以上からしか認められていなかった。（只有14岁以上的人才允许探视，也许是因为不允许他们在医院里大吵大闹吧。）（『五体不満足』）

（78）「あたしに逃げられてそんなに困った?（我逃了，你有那么困扰吗？）（『痴人の愛』）

（79）「どうしてまあ兄弟喧嘩を為るんだねえ」と細君は怒って、「そうお前達に側で騒がれると、母さんは最早気が狂いそうに成る。」（"你们兄弟俩怎么吵起来了？"细君生气地说："你们在母亲边上吵得她快疯了。"）（『破戒』）

在例（76）至例（79）中，被动句中的动词分别是"行く"（去）、"騒ぎ立てる"（吵嚷）、"逃げる"（逃走）、"騒ぐ"（吵闹），其中没有一个是 ta 形式，它们表示一个未完成的动作。此外，任何一个句子中都出现了表示结果影响的成分，如例（76）中的"話相手がなくなる"（我没有人可以聊天了），例（77）和例（78）中的"困る"（有麻烦

了），例（79）中的"気が狂う"（失去理智了）。从收集的资料可知，在明确表达结果影响成分 R 的情况下，其主要有两种句法形式：

①"自 V（ら）れ＋て/ては＋R"形式
②"自 V（ら）れ＋たら/と＋R"形式

在形式①中，被动形式的动词使用"て"形和"ては"形，而在形式②中，动词后面是表示条件的"たら"和"と"，但它们的共同点是表达结果影响的成分都是句子的主句。

此外，如例（80）所示，当被动句中的动词"騒ぐ"（吵闹）采用 ta 形式时，无论表示结果影响的 R 是否明确，都可以构成日语第三者自动词被动句。这是因为在日语中，"動詞の完了形を取っていれば、働きかけと結果の実現を同時に含む"（如果动词采用完成式，则同时包含动作和结果的实现）（王芬，2007：44）。

（80）a. 私は子供に騒がれた。（我被孩子吵到了）（中岛，2007）

b. 私は子供に騒がれて、頭が痛くなった。（我被孩子吵得头很痛。）（中岛，2007）

当表示结果影响的成分 R 省略时，连体修饰语由"N2＋に＋V（ら）れる"充当的第三者自动词被动句也不少。在下面的例（81）中，"母に先立たれた"（母亲先走了）作为连体修饰语修饰主语中的"父"（父亲）。

（81）父が玉枝に魅かれた理由がいまはっきりわかるようだった。母に先立たれた父は、玉枝をみて、母の面影をそこにみたのか。人形をつくって芦原まではこんだ理由がわかる気がした。（我现在终于明白父亲为什么会被玉枝吸引了。失去母亲的父亲看着玉枝，在她身上看到了母亲的影子。我想

我可以理解他为什么要做这个娃娃并把它带给芦原了。)(『越前竹人形』)

综上所述，在日语第三者自动词被动句中，表示结果影响的成分有两种使用情况。一种情况是表示结果影响成分需要明示。在这种情况下，被动句一般用在从句中，其有两种句法形式："自V（ら）れ＋て/ては＋R"和"自V（ら）れ＋たら/と＋R"。另一种情况是表示结果影响的成分不需要明示，在这种情况下，被动句一般用在主句或者连体修饰语中。

（三）汉语第三者自动词被动句的结果影响

在汉语中，第三者自动词被动句的存在条件比日语严格得多。

首先，在非"逃"字被动句的"'一'＋自V"被动句中，必须加上"一"和表示结果影响的成分R。杨凯荣（1992）、邱林燕（2013）等对"'一'＋自V"被动句中的"一"这个构成要素进行了探讨。杨凯荣指出："自動詞「坐」（すわる）、「哭」（泣く）などは次のような形で表わすと、受動文も成立不可能ではない。"（自动动词"坐""哭"等用下面的形式表达，并非不能构成被动句。）

（82）被他**这么一坐**，我什么都看不见了。（杨凯荣，1992）

（83）被她**这么一哭**，我不知道怎么办才好了。（杨凯荣，1992）

换句话说，杨凯荣认为在自动词前面加上"这么一"之后，第三者自动词被动句就可以成立。但是，并不总是需要"这么一"，当只用"一"时，如例（84），也可以构成第三者自动词被动句。

（84）我**被**几个大个儿在前面一站，一点儿也看不见了。（王曙光，1985）

邱林燕则指出,"这么一"并不是汉语第三者自动词被动句的构成条件。

(85) 夜里很晚的时候被客人这么一来。

关于例(85),邱林燕解释说:"「这么一」(こうして)を付け加えるだけでは不十分で、受身成立のためには、必ず結果を表す事態を後続させなければならない。"(仅仅加上"这么一"是不够的,还必须在后面加上一个表达结果的情境,被动句才能成立。)可见并不是只加上含"一"的词就能构成"'一'+自V"被动句。换句话说,包含"一"只是形成"'一'+自V"被动句的必要条件,而不是充分条件。

从上述例句可以看出,所有句子中都会出现表示结果影响的成分,为了使"'一'+自V"被动句可以成立,至少需要包含"一",另外表示结果影响的成分R也是"'一'+自V"被动句成立的必要条件。

前面已经提过,"'一'+自V"被动句中的"一"这个构成要素属于条件句"一……就……"的变式。实际上,"一"这个构成要素和后面的表示结果影响的R共同构成了汉语的条件句"一……就……"。换句话说,"'一'+自V"被动句是一个条件句,包含"一"的第一个分句用作条件分句,第二个分句(表示结果影响的R)用作主句。因为无法将第二个分句的主句(表示结果影响的R)与包含"一"的条件分句分开,所以第二个分句的间接影响R就不能省略,其是"'一'+自V"被动句成立的必要条件。

其次,在非"逃"字被动句中的"自V+'得'"被动句中,由"得"字派生的补语是一个必不可少的必要条件。中島(2007)和星英(2011)就"得"字派生的补语进行了考察和研究。

中島指出:"'被'に導かれる補文の事態は結果的事態に影響をもたらす原因としての意味を担い、'得'に導かれる補語はその影響の結果の意味を担うものということになる。"(由"被"引出的被动结构所表示的事情可以表示造成结果影响的原因,"得"引出的补语表示结果影响。)中島只讨论了带"被"字的被动句,但如例(86)所示,虽

然该句子的被动标记不是"被"而是"给",但是由"给"引出的被动语态所表示的事件也可以表示原因,由"得"引出的补语也可以表示间接影响的结果。

星英认为:"中国語には'得'(de)を用いた構文がある。Vと'得'が複合することによってひとつの動詞(複合動詞)として機能し、「V－得」が使役動詞と同じような振る舞いを示し(Li, 1995)、補部として結果を示す節を伴うことができる(Huang, Li & Li, 2009)。"(在汉语中有带"得"字的句子,V和"得"复合之后,可以形成一个复合动词,"V－得"具有和使役动词相同的作用,可以作后续表示结果的补语成分。)

从中岛和星英的研究可知,由"得"引出的补语可以表示间接的影响结果。

此外,笔者所收集的"自V+'得'"被动句都有一个由"得"字派生的附加补语。比如:

(86) 刘掌柜说:"一定是这两个贱人又在打架。怪好一个人家,给这两个贱人闹得天昏地暗,不得一日安宁!失陪。我回舍下看看。"[《李自成(上)》]

(87) *刘掌柜说:"一定是这两个贱人又在打架。怪好一个人家,给这两个贱人闹得!失陪。我回舍下看看。"

(88) 玉娘不吭声,张居正又道:"是不是怪我几天未曾来陪你,又生我的气了?"玉娘闻听此言,反而肩膀一耸哭出声来,张居正被她哭得手足无措,正不知如何解劝……[《张居正(下)》]

(89) *玉娘不吭声,张居正又道:"是不是怪我几天未曾来陪你,又生我的气了?"玉娘闻听此言,反而肩膀一耸哭出声来,张居正被她哭得,正不知如何解劝……

可见由"得"字引出的表示结果影响的成分是"自V+'得'"被动句成立的必要条件。

最后，在"逃"字自动词被动句中，其谓语动词由"跑""逃脱""走掉"等表示逃跑语义的自动词充当，这是该类被动句最显著的特点。另外，通过观察收集到的"逃"字自动词被动句的例句，可以发现表示结果影响的成分一般情况下是省略的。不过，表示结果影响的成分即使明示，"逃"字自动词被动句也是可以成立的。比如：

（90）a. 李自成和他的将士们恨透了这个叛徒，常常想在战场上捉到他，可是他比狐狸还狡猾，几次都是快要捉到时给他逃脱。[《李自成（上）》]

b. 李自成和他的将士们恨透了这个叛徒，常常想在战场上捉到他，可是他比狐狸还狡猾，几次都是快要捉到时给他逃脱，前功尽弃。

（91）a. 他越想越感到情况严重，觉得有必要马上向巡捕营报告，让他们派人先把茶寮里的那几个人抓起来。"对，可别叫他们跑了！"黄宗羲想，顿时亢奋起来。（《白门柳》）

b. 他越想越感到情况严重，觉得有必要马上向巡捕营报告，让他们派人先把茶寮里的那几个人抓起来。"对，可别叫他们跑了，否则就后患无穷。"黄宗羲想，顿时亢奋起来。

如例（90a）和例（90b）所示，"逃"字自动词被动句中，动词"逃"之后附加有结果补语"脱"，而表示结果影响的"前功尽弃"无论是否明示，该被动句都可以成立。例（91a）和例（91b）也是一样，谓语动词"跑"之后有表示完成语义的体标记"了"，在其之后表示结果影响的成分无论明示与否，被动句都可以成立。也就是说，"逃"字自动词被动句中表示结果影响的成分并不是必需的。

那么，为什么"逃"字自动词被动句和其他第三者自动词被动句不一样呢？首先，关于汉语被动句和结果的关系，杉村（2003）指出："汉语被动的'被动概念'可以理解为'以受事为视角，叙述一件出乎意料地发生的事件'"，"被动概念和'表明动作行为的结果'常常交织在一起，共同成为被动句的语用动因。因为'出乎意料'这一被动概念的基

本因素往往不是跟动作行为，而是跟动作行为的结果发生密切联系"。

换言之，汉语被动句必须加上表示结果影响的成分。由于第三者被动句也是被动句的一种，因此必须加上表示结果影响的成分。

木村（2012：193）也提出了和杉村相同的观点：

> 従来「被動文（"被动句"）」の名で呼ばれてきた"X被YV"の特筆すべき特徴は、主語に立つ対象Xが単に動作・行為を受けることを述べるだけでは成立し難く、Xが動作・行為の結果として被る何らかの具体的な（影響）を明示する表現、もしくはそれを強く含意する表現を述語成分に要求するという点にある。["X被YV"（俗称"被动句"）的一个显著特点是，它不能简单地陈述主语X受某个动作或行为的支配，而是需要在谓语成分中清楚地表明或强烈地暗示X将因该动作或行为而遭受某种具体的（影响）。]

而关于结果的表达形式，木村认为有两种：第一种是作为动作或行为结果的明示成分；第二种是深刻蕴含结果的谓语成分。也就是说，动作或行为的结果可以进行明示，如果没有明示，只要谓语成分深刻地蕴含着结果，也是可以的。

换句话说，在例（90a）中，结果补语"脱"附加在动词"逃"之后，所以句子已经具有一个可以强烈暗示结果的谓语成分，即使没有其他表示结果影响的成分，也满足了被动句的成立条件。在例（91a）中，木村指出："動詞によっては自らの語彙的意味として対象への影響を十分に含意し得るものもあり…結果を明示する補語成分を伴わずに受影文の述語に立つことも可能である。"（有些动词的词汇语义充分含有对受影响者的影响语义……这些动词可以在表示结果的补语成分没有出现的情况下充当被动句的谓语。）"ただし、この場合も完了相を表す動詞接辞の'了'の存在が不可欠であり…"（不过，在这种情况下，表示完成体的动词词缀"了"的存在也是不可或缺的……"因此，谓语成分"跑了"蕴含有结果影响的语义。

· 50 ·

综上所述，表示结果的影响成分 R 是非"逃"字自动词被动句成立的必要条件，而在"逃"字自动词被动句中表示结果影响的成分 R 无论明示与否，该被动句都可以成立。

（四）汉日语第三者自动词被动句的自动词 V

从表 1-7 可以看出，在收集到的 64 个日语第三者自动词被动句中，自动词"吹く"（吹）的使用频率最高，有 16 例，其次是自动词"怒る"（生气）和"逃げる"（逃跑），分别为 9 例和 7 例。

表 1-7　日语第三者自动词被动句中自动词的使用情况

自动词	综合词数（例）	
	总计词数（例）	区别词数（例）
吹く（吹）	16	1
怒る（生气）	9	1
逃げる（逃跑）	7	1
死ぬ（死亡）	6	1
来る（来）	5	1
行く（去）	4	1
なる（变成）	3	1
崇る（尊敬）	2	1
やってくる（做）	2	1
登る（登山）、先立つ（领先）、騒ぐ（吵闹）、射る（射中）、騒ぎ立てる（叫嚷）、降る（下雨）、飽く（腻烦）、去る（离开）、いる（有）、顰蹙する（皱眉头）	各 1	10
总计	64	19

根据自动词的语义特点，凌蓉（2005）将这些自动词分为三大类：表达动作意义的自动词、表达现象意义的自动词和表达态度情感意义的自动词。下面按照凌蓉的分类方法，将 19 个自动词分为以下三类：

第一类，表示动作的自动词：

①表示一般动作的自动词：騒ぐ（吵闹）、騒ぎ立てる（叫嚷）、崇る（尊敬）。

②表示移动动作的自动词：逃げる（逃跑）、来る（来）、行く（去）、やって来る（做）、登る（登山）、去る（离开）。

第二类，表示现象的自动词：

①表示存在的自动词：いる（有）。

②表示自然现象的自动词：射る（射中）、降る（下雨）、吹く（吹）。

③表示生理现象的自动词：死ぬ（死）、先立つ（起先）。

④表示状态变化的自动词：なる（成为）。

第三类，表示态度感情的自动词：怒る（生气）、飽く（腻烦）、顰蹙する（皱眉头）。

此外，由表1-8可见，在这些自动词中表示动作移动的移动动词（逃げる、来る、行く、去る、登る、やってくる）最多，虽然没有到自动词总数的一半，但达到了31.25%。其次是描述自然现象的自动词，数量也不少，占自动词总数的28.13%。也就是说，在能够充当日语第三者自动词被动句谓语动词的自动词中，占比最多的是表示动作移动和自然现象的动词。

表1-8　日语第三者自动词被动句中动词的占比

动词	例句数量（例）	占比（%）
移动动词 （逃げる、来る、行く、去る、登る、やってくる）	20	30.3
表示自然现象的自动词（吹く、降る、射る）	18	27.3
其他	28	42.4

表1-9表示"'一'+自V"被动句中自动词的种类和各自的数量。下面根据凌蓉的语义分类方法，将6种自动词分为以下两类：

第一类，表示动作的自动词：

表示一般动作的自动词："闹腾"。

表示移动动作的自动词："来"。

第二类，表示现象的自动词：

表示状态的自动词："站""坐"。

表示生理现象的自动词："哭""哈哈"。

表1-9 "'一'+自V"被动句中自动词的使用情况

综合词数		哭（泣く）	闹腾（騒ぐ）	来（来る）	站（立つ）	坐（座る）	哈哈（笑う）	合計
综合词数	总计词数	2例	1例	1例	1例	1例	1例	7例
	区别词数	1例	1例	1例	1例	1例	1例	6例

表1-10表示"自V+'得'"被动句中自动词种类和各自的数量，从表中可知，"自V+'得'"被动句共有17例，其中自动词"哭"用例最多的，有10例。

表1-10 "自V+'得'"被动句中自动词的使用情况

综合词数		哭（泣く）	吵（騒ぐ/喧嘩する）	闹（騒ぐ）	咳嗽（せきをする）	走（歩く）	合計
综合词数	总计词数	10例	3例	2例	1例	1例	17例
	区别词数	1例	1例	1例	1例	1例	5例

从语义角度，可以将5种自动词分为以下两类：

第一类，表示动作的自动词：

表示一般动作的自动词："吵""闹"。

表示移动动作的自动词："走"。

第二类，表示现象的自动词：

表示生理现象的自动词："哭""咳嗽"。

综上所述，从动词的语义特征来看，日语的第三者自动词被动句中的动词可以分为表示一般动作的动词、表示现象的动词和表示态度感情的动词。与此相对，汉语的自动词主要有表示一般动作的动词和表示现象的动词两大类（见表1-11）。不过，无论日语还是汉语，最多的还是像"逃げる—逃・跑"和"来る—来"这样的表示移动动作的动词。

表 1-11　第三者被动句中自动词语义分类的汉日对比

自动词的语义		日语	汉语
表示动作	一般的动作	騒ぐ、騒ぎ立てる、祟る	吵、闹、闹腾
	移动动作	逃げる、来る、行く、やって来る、登る、去る	走、来、跑掉、逃走、跑、溜走、逃脱、走掉、逃掉、走脱、逃跑
表示现象	存在	いる	站、坐
	自然现象	射る、降る	
	生理现象	死ぬ、先立つ	哭、哈哈、咳嗽
	状态变化	なる	
表示态度感情		怒る、飽く、顰蹙する	

（五）日语第三者他动词被动句的结果影响

根据从中日对译语料库中收集的日语第三者被动句，我们可以发现与日语第三者自动词被动句一样，其中的动词如果不是 ta 形，表示结果影响的成分要明示，如果动词是 ta 形，表示结果影响的成分可以不用明示。例如：

（92）妥当な線を越して高値を吹き掛けられても、施主に咎められる恐れがないから、いたって鷹揚になり当然に不正も生じ易い。（即使价格超出合理范围，也不必担心会被客户责怪，因此这会导致欺诈和诈骗行为的发生。）（『百言百話』）

（93）曽根二郎がリュックの紐を解きかかると、神谷は、それを拡げられては大変と思ったのか、「いや、結構です。いいんです。（当曾根二郎开始解开背包的带子时，神谷也许认为把它们展开会很麻烦，于是回答道："不，没关系。"）（『あした来る人』）

在例（92）和例（93）中，被动句的动词分别是"吹き掛ける"（吹拂）和"広げる"（扩展），两者都不是 ta 形，所以表示未完成的动作。另外，两个例句都包含表示结果影响的成分，比如"施主に咎められる恐れがない"（不怕被客户责怪）的"大変と思った"（觉得很麻

烦）。可以看出当表示结果影响的成分被明示的时候，其往往是以①"他V（ら）れ＋（て）/ては/ても＋R"形式，②"他V（ら）れ＋たら/と＋R"形式这两种形式呈现的。

在形式①中，被动动词主要以"て""て形＋は""ても"的形式存在，在形式②中，被动动词后面主要是表示条件的"たら"和"と"。不过，在两种形式中，主句都由表示结果影响的成分充当。

如例（94）所示，当被动句中的动作"かける"采用 ta 形时，无论表示结果影响的成分 R 是否明示，都可以构成日语第三者他动词被动句。这是因为在日语中，"動詞の完了形を取っていれば、働きかけと結果の実現を同時に含む"（如果动词采用完成式，则同时包含动作和结果的实现）（王芬，2007：44）。

（94）a. 私たちは隣の息子に一晩中レコードをかけられた（隔壁邻居的儿子放了一晚上的唱片，我们被打扰了）。（铃木 1972）

b. 私たちは隣の息子に一晩中レコードをかけられて、眠れなかった（隔壁邻居的儿子放了一晚上的唱片，我们都没睡着）。

综上所述，如果表示结果影响的成分需要明示，那么它往往出现在被动句的从句中，以"他V（ら）れ＋て/ては/ても＋R"或者"他V（ら）れ＋たら/と＋R"这两种形式存在；如果表示结果影响的成分不需要明示，一般情况下动词都是采用 ta 形。

（六）汉语第三者他动词被动句的结果影响

根据收集到的第三者他动词被动句，我们发现和汉语的"逃"字自动词被动句一样，表示结果影响的成分一般情况下可以省略。但是，即使该成分得到了明示，第三者他动词被动句也是可以成立的。比如：

（95）a. 我家主人感到十分为难，如果拟旨准行，则让高拱抢了头功，从此事情就不好办。[《张居正》（上）]

b. 我家主人感到十分为难，如果拟旨准行，<u>则让高拱抢了头功</u>。

　　（96）a. 说起来他又比胡秉宸差多少？世事也不能这样不公平，<u>让胡秉宸占尽风流</u>！佟大雷积极介入胡秉宸事件，可以说不完全出于嫉恨，也可以说完全出于嫉恨。(《无字》)

　　b. 说起来他又比胡秉宸差多少？世事也不能这样不公平，<u>让胡秉宸占尽风流，而他什么都没有</u>！佟大雷积极介入胡秉宸事件，可以说不完全出于嫉恨，也可以说完全出于嫉恨。

　　在例（95a）和例（95b）中，他动词"抢"后面带有体标记"了"，无论表示结果影响的成分"从此事情就不好办了"是否存在，句子都可以成立。例（96a）和例（96b）也是一样，"占"后面是结果补语"尽"，即使表示结果影响的成分没有明示，句子也可以成立。也就是说，在汉语第三者他动词被动句中，表示结果影响的成分未必一定要得到明示。

　　那么，在汉语第三者他动词被动句中，为什么表示结果影响的成分即使省略了，被动句也可以成立呢？

　　前文已经提到过，杉村（2003）和木村（2012）指出，汉语被动句需要添加表示结果影响的成分。除此之外，木村还指出，如果谓语成分强烈暗示结果，即使没有明确表达结果的表达形式，也能形成汉语被动句。

　　在例（96a）中，动词"占"后加了结果补语"尽"，从而表达了动作"占"的结果。此外，"尽"不仅表示结果，还表示结果达到的程度。这是因为"尽"的词义包含了"最后阶段"的潜在意义，因为它表达的是"用完了"或"到头了"的意思。换句话说，如果一个结果的实现程度可以分为①初始阶段、②中期阶段、③最后阶段，那么结果补语"尽"就代表③这一最后阶段（如图1-12所示）。

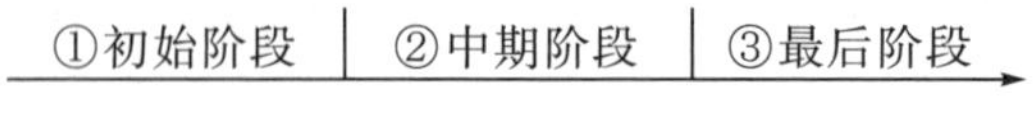

　　　　①初始阶段　②中期阶段　③最后阶段

　　　　　　　图1-12　结果达到的程度

　　刘月华等（2001：330）认为："结果补语不仅表示动作完成，而且

表示动作完成后产生了某种具体的结果。"所以，即使表示结果影响的成分没有得到明示，只要结果补语已经含有结果的语义，那么被动句就可以成立。

另外，在例（95a）和例（95b）中，他动词"抢"后面带有体标记"了"。"了"是汉语中表示体的标记之一，有各种各样的用法。关于体标记"了"，吕叔湘（1999：351）认为："'了'有两个。'了$_1$'用在动词后，主要表示动作的完成。如动词有宾语，'了$_1$'用在宾语前。'了$_2$'用在句末，主要肯定事态出现了变化或即将出现变化，有成句的作用。如动词有宾语，'了$_2$'用在宾语后。"

因此，例（95a）和例（95b）中的"了"是"了$_1$"，可以表示动作的完成，所以动作"抢"之后加上"了$_1$"，表示"抢"这个动作已经完成了，"抢了头功"就已经蕴含了结果影响的语义。不过，例（95a）中被动句的后面还出现了表示结果影响的成分，与此相对，例（95b）只通过"V+'了$_1$'"表示结果的语义。这一点也是和"'逃'字自动词"被动句一样，这是因为"動詞によっては自らの語彙の意味として対象への影響を十分に含意し得るものもあり…結果を明示する補語成分を伴わずに受影文の述語に立つことも可能である…ただし、この場合も完了相を表す動詞接辞の'了'の存在が不可欠であり…"（有些动词的词义本身就含有对宾语的影响这一层语义……它们可以在不需要补语成分来明示结果的情况下，充当被动句的谓语……但在这种情况下，表示完成的动词词缀"了"是必不可少的。……）（木村，2012：194）。

在19个第三者他动词被动句的例句中，有16个例句出现了"了"，占了第三者他动词被动句的84%，这也印证了"了"的不可或缺性。因此，可以说第三者他动词被动句具有以下基本句型：

(N1)＋被动句标记＋N2＋他V＋"了"/结果补语＋N3

因此，汉语中的第三者他动词被动句必须加上结果补语，比如加上表示完成时的体标记"了"或"尽"。换句话说，谓语部分含有表示结果影响的成分，是汉语中的第三者他动词被动句形成的必要条件。

（七）汉日语第三者他动词被动句的他动词 V

凌蓉（2005）从动词的语义角度，将日语第三者他动词被动句的他动词分为表示作用语义的动词、生产语义的动词、位置变化语义的动词、言语活动的动词、态度感情的动词和思考语义的动词六大类，并指出其中最多的是表示作用语义的他动词。

但是，从中日对译语料库中收集到的第三者他动词被动句只有8个，其动词分别是"広げる"（打开）、"持つ"（拥有）、"匿す"（隐藏）、"入れる"（放）、"かける"（表示动作对象）、"吹き掛けられる"（吹拂）、"取る"（取得）和"やる"（做），其与日语第三者自动词被动句相比可以说确实很少。根据凌蓉的分类方法，可以将这8个动词分为以下两类：

第一类，表示作用的他动词："入れる"（放）以外的其他7个动词。

第二类，表示位置变化的他动词："入れる"（放）。

从以上分类可以发现，能够充当日语第三者他动词被动句的他动词中，最多的是表示作用的动词，共有7个。

表1-12列举了汉语第三者他动词被动句中动词的使用情况。从表1-12可知，"占""抢""钻"这三个动词最多，占总数的90%，它们主要表示"占有""掠夺"等作用语义。

表1-12 汉语第三者他动词被动句中他动词的使用状况

总数		占①	抢	钻	做、斟满	合计
	总计词数	7例	5例	6例	2例	20例
	区别词数	7例	3例	2例	2例	15例

由此可知，汉日第三者他动词被动句中使用的动词种类非常少，而且这些动词主要表示作用的语义。

现将以上讨论整理为表1-13。

---

① 也包括"独占""占领""垄断"等表示占领语义的动词。

表 1-13　汉日两种语言中第三者被动句的句法特点

		不同点	共同点
第三者特殊被动句	日语	没有	
	汉语	有（谓语部分＝四字熟语）	
第三者自动词被动句	结果的影响	日语：①没必要明示　②式：自V（ら）れ＋て/ては＋R　自V（ら）れ＋たら/と＋R	必要条件
		汉语：（一）有必要明示的情况　①"一'＋自V"被动句：结果性影响＝主句　②"自V＋'得'"被动句：结果性影响＝补语　（二）没有必要明示的情况　"逃"字自动词被动句：谓语部分＝"自V＋'了'"/"自V＋结果补语"	
	自动词	日语：一般情况下，有"表示一般动作的自动词""表示现象的自动词""表示态度和感情的自动词"，但是，其中表示移动动作和表示自然现象的自动词比较多	"逃げる"—"跑""来る"—"来"等，这些表示易懂动作的动词最多
		汉语：只有"表示一般动作的自动词"和"表示现象的自动词"	
第三者他动词被动句	结果性影响	日语：①没有必要明示　②式：他V（ら）れ＋て/ては/ても＋R　他V（ら）れ＋たら/と＋R	必要条件
		汉语：没有必要明示　谓语部分＝"自V＋'了'＋N3"　"自V＋结果补语（'尽'等）"	
	他动词	日语：	①数量很少　②表示作用的他动词最多
		汉语：主要是表示"占有"和"抢夺"等作用的动词	

四、第三者被动句语义特征的汉日对比

一般认为，第三者被动句是表达负面影响（如烦恼或损害）的被动句。然而，通过对实际用例的研究，我们发现日语和汉语中也有表示主语从事件中获得积极影响的第三者被动句。换句话说，确实存在表达积极影响的第三者被动句。因此，本节将从消极影响和积极影响两个角度来探讨汉日第三者被动句的语义特征。

（一）负面影响

高见（2011：50）提到日语的第三者被动句具有"主語指示物が、述べられている事象により、被害や迷惑を被っている"（主语指示物因所叙述的事件而遭受损害或烦恼）的语义，因此，"意味の点から、「被害受身文」とか「迷惑受身」と呼ばれている"（从意义上讲它们被称为"被害受身文"或者"迷惑受身"）。

根据所收集到的例句，我们发现日语的第三者被动句中的主语总是从谓语事件中受到不好的间接影响。

(97)「たまにはいいけれど、<u>たびたび来られると迷惑だわ</u>。もし今度来たら、あんまり優待しない方がいいことよ。御飯なんか御馳走しないで、大概にして帰ってもらうのよ」（偶尔来一次还好，经常来就烦了。如果他们再来，你就不要太好客了。不要请他们吃饭了，就让他们回家吧。）（『痴人の愛』）

(98) <u>八千代</u>は、夫がどうしても山に登りたいのなら、必ずしもそれに反対する気持ちはなかった。ただ、<u>それを匿されている</u>ことがいやだった。（如果丈夫真的想爬山，八千代并不一定反对。她只是不喜欢丈夫对她隐瞒这个事情。）（『あした来る人』）

例（97）含有说话人对某人的频繁来访感到厌烦这一语义。换句话说，"だれかがたびたび来る"（有人常来）这一事件给说话人带来

了不好或不理想的影响。因此，例（97）是一个表达消极影响的第三者被动句。例（98）的语义为：如果丈夫不告诉八千代自己要去爬山，八千代就会因为对他一无所知而感到困惑。换句话说，"夫は山に登ることを隠す"（丈夫隐瞒了爬山的事实）这一事件对主语八千代产生了不利影响。因此，例（98）也是一个表达负面影响的第三者被动句。

总的来说，关于汉语第三者被动句语义特征的研究较少，不过关于汉语被动句语义特征的讨论不在少数。

王力（2002：79）主张"被动句所叙述，若对主语而言，是不如意或不企望的事，如受祸，受欺骗，受损害，或引起不利的结果等等"。吕叔湘、朱德熙（2002：82）也认为"在意义方面，被动式所叙述的行为，对于主语（即被动者）大都是不愉快的：'被他欺负''被他欺骗'是常见的，'被他写好''被他送来'就不说了。这是因为'被'字原来的意义是'遭受'，只有对于不愉快的事情我们才说是遭受"。与此相对，陆俭明（2006）通过以下两个例句，提出 20 世纪 50 年代以后汉语中也出现了表示受益的被动句。

(99) 他光荣地**被**大家推选为人民代表。（陆俭明，2006）
(100) 最后，孩子还是**被**她调教好了。（陆俭明，2006）

尽管如此，王力等仍主张被动句主要表达不如意的语义。此外，从中日对译语料库、茅盾文学奖的获奖作品和以往研究中所收集到的汉语第三者被动句来看，其基本上都是表达不如意的语义。

(101) <u>我**被**几个大个儿在前面一站，一点儿也看不见了。</u>（王曙光，1985）
(102) 得放就有些不好意思，换了个话题，打听这国清寺的年代。**得茶**善解人意，正要回答，便又<u>**被**那小释抢了先</u>，说："国清寺是天台宗的根本道场，北齐时候就有了。"[《茶人三部曲》（下部）]

（103）他越想越感到情况严重，觉得有必要马上向巡捕营报告，让他们派人先把茶寮里的那几个人抓起来。"对，<u>可别叫他们跑了</u>！"黄宗羲想，顿时亢奋起来。(《白门柳》)

　　在例（101）这个"'一'＋自V"被动句中，"几个大个"站在"我"的前面，"我"就什么都看不到了。"几个大个儿在前面一站"这个事情给主语"我"带来了不好的影响。因此，例（101）可以说是一个表示负面影响的第三者被动句。

　　在例（102）这个第三者他动词被动句中，"那小释"抢先回答了"得放"的问题，剥夺了"得茶"的说话忌讳。也就是说，主语"得茶"从"那小释抢了先"中受到了不好的影响。因此，例（102）也是一个表示负面影响的第三者被动句。

　　在例（103）这个"逃"字自动词被动句中，虽然"他们跑了"这个事情还没有发生，但如果这个事情发生了的话，会给主语"咱们"带来麻烦或者损失，所以这个被动句也是表示负面影响。

　　此外，本书还对"逃"字自动词被动句中的肯定句和否定句、会话文和非会话文的使用情况进行了调查，见表1—14和表1—15，可以发现表示负面影响的"逃"字自动词被动句经常出现在会话中且以否定句的形式出现。

表1—14　"逃"字自动词被动句中肯定句和否定句的使用情况

肯定句	否定句	其他	总计
12例	21例	2例	34例

表1—15　"逃"字自动词被动句中会话和非会话中的使用情况

会话句	非会话	总计
26例	9例	34例

　　如图1—13所示，在会话中以否定形式出现的"逃"字自动词被动句达到了20例。这是因为该被动句中所出现的"他逃了""他跑

了"这些事情，对受影响者来说一般都是负面的、不好的，为了避免这些事情发生，会话者会倾向于使用否定形式。也就是说，"让他逃了""叫他跑了"等前面经常会出现否定副词，形成"不要让他逃了""别叫他跑了"的形式。而且，使用否定词之后，往往蕴含着命令的语义。

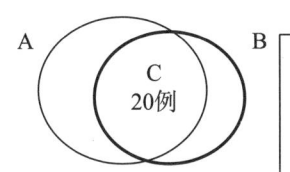

A：以会话形式出现的"逃"字自动词被动句（26例）
B：以否定形式出现的"逃"字自动词被动句（21例）
C：以会话且否定形式出现的"逃"字自动词被动句（20例）

图1-13　"逃"字自动词被动句中以会话和否定形式出现的例句

由此可知，无论汉语还是日语，第三者被动句中的主语（间接受动者）总是间接地受到不好或不利的影响，即第三者被动句通常是表达消极影响的被动句。

那么，第三者被动句为什么经常表达负面的影响呢？关于这个问题，森田和丁意祥等进行了讨论。森田（2002：213）认为，在"思わぬ事態、予想だにしない事態、突発事態"（意外的、未预料到的或突然的情况）时，间接受动者就会遭受麻烦。丁意祥（1997：88）认为，"受身文のガ格である第三者の当為判断あるいは願望に反する出来事が起こることによって"［由于发生了与第三者（被动句的ガ格）的实际判断或愿望相反的事件］，"そういう事態から間接的に、第三者が被害・迷惑を受けるようになるのであろう"（第三者可能间接地因此种情况而遭受损害或者麻烦）。由此可知，在遇到意外的、未预料到的或突然的情况发生时，间接受动者会从该事情中受到不好的影响。

（二）正面影响

上文已经提到，实际上并不是所有的句子都表示负面的，日本语记述文法研究会（2002）、刘佳惠（2019）等提到过日语中也有表示非负面影响的第三者被动句。比如：

（104）夏の夕暮れ、ベランダで（私が）風に吹かれながら、ビールを飲むのが、私は好きだ。（在夏天的日落时分，我喜欢坐在长椅上，一边吹着微风，一边喝着啤酒。）（日本语记述文法研究会，2002：241）

例（104）中的被动句可以说是一个具有积极影响的第三者被动句，因为在该句子中"風が吹く"（风吹着）这个事情对"私"（我）产生了积极影响，让"私"（我）觉得很惬意。

此外，在收集到的第三者被动句中，也有表示积极影响的被动句。例如：

（105）部屋のまん中に坐り、海からの風に吹かれているると、八千代昨夜の寝不足と、沼津から自動車に揺れ続けて来た疲れとで、口をきくのもおっくうになっていた。（八千代坐在房间中央，吹着海风，由于昨晚没睡好，再加上从沼津出发的汽车不断摇晃，她疲惫不堪，不愿意说话。）（『あした来る人』）

（106）ひろびろとした海の上で、潮風に吹かれるのは薬だと思った。（我想，在一望无垠的大海上，海风迎面吹来，是一种享受。）（『坊ちゃん』）

例（105）和例（106）中，画线被动句对应的原句分别为"風が吹く"（风吹着）和"潮風が吹く"（海风吹着）。主语"八千代"和"私"（我）并不是原句中的动作成员，而是存在于"風が吹く"（风吹着）和"潮風が吹く"（海风吹着）这两个事件之外，并间接受到这两个事件的影响，因此从意义的角度来看，例（105）和例（106）中的被动句显然是第三者被动句。另外，与原句"風が吹く"（风吹着）和"潮風が吹く"（海风吹着）相比，主语"八千代"和"私"（我）是新增加的第三者，而且被动句中的谓语动词是由自动词"吹く"（吹）充当，所以例（105）和例（106）是日语第三者被动句。

另外，在例（105）中，主语"八千代"因为有微风吹拂而感到心情舒畅，所以能够放松心情，也就不会为昨晚没睡好而烦恼了。换句话说，微风吹拂对主语"八千代"产生了积极或有利的影响，因此可以说例（105）是一个表达积极影响的第三者被动句。例（106）也一样，说话者认为"在一望无垠的大海上，海风迎面吹来"这个事情对其来说是一种享受，所以该事情给说话者带来了积极的影响，因此例（106）也是一个表达积极影响的第三者被动句。

从以往的研究和笔者的调查来看，只有当谓语由"風が吹く"（风吹着）充当时，被动句才会用于表达积极的情感，也只有在这种情况下，第三者被动句才能表示积极的语义。

虽然从中日对译语料库和茅盾文学奖获奖作品中收集到的汉语第三者被动句都表达了麻烦、受损害的消极影响，但表达积极影响的第三者被动句在日常生活中也很常见，例（107）和例（108）就说明了这一点。这类被动句数量不多，但是真实存在的。

（107）**叫**他这一哭闹，田大姑倒又清醒起来了。（《烈火金钢》）

（108）不过刚开始的紧张气氛**让**他这么一闹倒是冲淡了不少。（《华风苍穹》）

在例（107）的被动语态中，主语"田大姑"不是原句"他哭闹"中的动作成员，并不直接受"哭闹"这一动作的影响，而是间接受"他哭闹"这一事件的影响。换句话说，从语义上讲，这个被动句是一个第三者被动句。另外，与原句"他哭闹"相比，主语"田大姑"是新添加的第三者，自动词"哭闹"则被用作被动句的谓语部分。从句法上看，该句子符合第三者自动词被动句的成立条件。此外，句中还加入了与"一"相关的"这一"，因此该句可视为"'一'＋自V"被动句。在这个被动句中，由于"他哭闹"，"田大姑"又恢复了知觉。因此，可以说"田大姑"受到了"他哭闹"事件的积极影响。

从句法上看，例（108）中的主语"紧张气氛"不属于原句"他闹"

中的动作成分，它存在于这一事件之外。从语义上讲，"紧张气氛"间接受到"他闹"这一事件的影响，从语义角度可以将其视为第三者被动句。与原句相比，主语"紧张气氛"是新引入的第三者，谓语动词是自动词"闹"，从句法角度看，它可以被视为第三者自动词被动句。此外，句子还包含了与"一"相关的"这一"，可以说这是一个"'一'＋自V"被动句。在这个被动句中，我们可以说他的大惊小怪对说话人或处于紧张气氛中的人来说是积极的，说话人或处于紧张气氛中的人因此受到了积极的影响。

例（107）和例（108）都是汉语"'一'＋自V"被动句，都含有与"一"相关的成分。其他第三者被动句似乎很少包含表达积极情感的被动句。此外，这两个被动句中还有表示反转的连词，如"倒又"和"倒是"。这两个词常在意想不到的事情发生时使用。在例（107）和例（108）中，意外的事情、未预料到的事情对间接受动者来说是好事，因此间接受动者受到了有利的影响。

综上，如果第三者被动句包含间接受动者从意外事件那里受到有利影响的意思的话，那么就可以认为这个第三者被动句表达了一种积极的影响。

第三节　汉语被动句的语义解读

汉语被动句的研究在现代汉语领域一直是一个备受关注的热点问题。关于被动句的语义，学者们多从语义类型、感情色彩的作用对象、语义的受影响因素等方面进行探讨。

首先，关于被动句的语义类型，王力（1985：88）指出："被动式所叙述，若对主语而言，是不如意或不企望的事，如受祸、受欺骗、受损害或引起不利的结果等等。"桥本（1987）认为："因为'被'字是个动词而表示遭受一件事，'被'字句有不幸、不利之色彩是理所当然的。"李珊（1994）认为："'被'含'蒙受'义，表示一种遭受现象，这种语义上的独特之处，使汉语被字句于被动意义之外，一开始就多了一层不幸、不如意、不愉快、有所损害的语义色

彩，这一语义色彩长期存在，沿用至今，五四以后才稍稍打破。"邢福义（2004：1）认为，"一般'被'字句为遭受型"，"被"字句中有一类被称为承赐型"被"字句，该类句子是"为适应特定语用要求而使用，基本表义倾向为称心。承赐型'被'字句是'被'字句中相对独立的一个类型，在形式上使用了特定的动词，构成了特定的格局。这类'被'字句自古有之，但到现当代才发展定型"。王振来（2006）认为被字句有三种语义色彩，分别为肯定义、否定义和中性义。"所谓肯定义，就是指在某种动作行为下产生的称心如意的结果"，"所谓否定义就是指在某种动作行为下产生的不如意或受损的结果"，"中性义介于肯定义和否定义之间，既没有受益也没有受损"。由此可见，关于被动句的语义类型，学者们众说纷纭。本书认为被动句的语义类型分为褒义、贬义和中性义。

其次，关于被动句感情色彩的作用对象，即被动句的褒义、中性义、贬义是针对哪个对象而言的问题，李珊（1994）认为："所谓'不如意'，实际有两种情况：一种是对受事主语说的；另一种并非对受事主语，而是对说话人或关系者说的。"祖人植（1997）主张被字句所表示的动作或状态的不如意是对主语、主语的领属者、与主语相关者而言的。

最后，关于被动句语义的影响因素，马纯武（1981：18）认为，"被字句具有如意不如意或愉快不愉快的感情色彩，不是这种句式本身所决定的，而是由组成这种句式的各种成分具有的意义来决定的"，或"有时取决于一定的语言环境"。马纯武主要对谓语动词、宾语、补语和语言环境这几个影响被字句感情色彩的因素进行了简单的论述。祖人植（1997）认为被字句所表示的动作或状态的不如意与其述语部分核心动词或动词性结构的语义—语法性质有关。刘梦妍（2014）主要从谓语动词、宾语、状语、补语、上下文这五个方面对被动句语义的影响因素进行了考察。

尽管学者们对被动句的语义进行了广泛的研究，但是并未更加深入地从义素角度分析各个要素对被动句语义的影响。为了进一步探明被动句语义的影响因素，本书将从义素分析法的角度，探讨句法层面和语用

层面的因素对被动句语义的影响。

一、感情色彩词

（一）感情色彩词的分类

黄伯荣、廖序东（2017）指出："词汇意义由概念义和色彩义构成。"所谓的概念义，指"词义中同表达概念有关的意义部分"，也叫作"理性义"，是词义中的主要部分。所谓的"色彩义"，指"附着在词的概念之上，表达人或语境所赋予的特定感受"，感情色彩则属于色彩义的下位分类。

具有感情色彩的词称为感情色彩词。根据词语具有的感情色彩的不同，学界一般将感情色彩分为褒义词、贬义词和中性词。但具体到这三者的定义，学界众说纷纭。比如张志公（1982）认为"有的词带有肯定、赞许、喜爱的感情色彩，含有褒义，叫褒义词。有的词带有否定、贬斥、憎恶的感情色彩，含有贬义，叫贬义词"。章炎（1983）认为"褒义词指带有肯定、赞许的感情色彩的词，贬义词指带有反对、贬斥的感情色彩的词，中性词指既没有褒义、又没有贬义的词，即感情色彩是零。"史继林、朱英贵（2005）认为"凡含有赞赏、嘉许、褒扬、奖掖、喜爱、尊崇、美好、吉祥等感情色彩意义的词，就是褒义词"；"凡含有贬斥、诋毁、批评、嘲讽、厌恶、歧视、丑恶、凶恶等感情色彩意义的词，就是贬义词"。刘淋（2007）认为"褒义词是指针对人物、事物、现象、行为，表达出肯定的评价、赞扬、尊敬、爱意。贬义词是指针对人物、事物、现象、行为，表达出否定的评价、憎恶、轻蔑、责备、批评。中性词是指不表达出任何感情色彩，保持中立态度"。

但是，这些定义概念比较模糊，不能对褒义词和贬义词进行明确的区分。针对此问题，谭达人（1991）从使用效应和使用词语动机的角度判定褒义词和贬义词："从使用效应这方面看，我们可以从'当事者（即被用特定的词语称谓、描述的对象，不限于人）的感受出发，看他（它）是否从特定的词语上感受到了某种褒扬或贬斥：如果用一个名词称谓指说他，用一个动词、形容词描述他（实际上是他的动作、他的形

状），他立刻感受到一种或褒或贬的感情或评价，我们就可以说这些词是褒贬词'"；"从人们使用词语的动机看，也是如此。人们总是用褒义词语去称谓、描述值得褒奖的对象，用贬义词去称谓、描述应当贬责的对象"。邢向东（1985）和刘静园（2009）则用义素分析法区别褒义词和贬义词。不过，两者的侧重点不一样，邢向东主要分析了近义词中的褒义词和贬义词、反义词中的褒义词和贬义词，刘静园主要对名词、形容词、动词中的褒义词和贬义词进行了区分。刘静园指出名词"主要从释义的内容及构词语素的含义这方面来分析"，形容词可以"从释义的内容及语素"和"修饰的对象"这几方面进行分析，动词可以从"动作行为的施动者、受动者及动作行为本身"这三方面进行分析，刘静园还指出"上述诸方面因素，只要其中一项体现出褒贬感情等倾向，我们就判定这个词是褒贬词"。

本书将感情色彩词分为褒义词、贬义词和中性词，并在邢向东、刘静园等的基础上，从义素分析法的角度进行区分。

（二）感情色彩词的语义分析

所谓义素，指"构成词义的最小意义单位，又叫词的语义成分或语义特征"（黄伯荣、廖序东，2017：220）。比如"灌木"指"矮小而丛生的木本植物"，"乔木"指"树干高大，主干和分枝有明显区别的木本植物"。黄伯荣、廖序东认为"灌木"具有"[＋矮小] [＋丛生] [＋木本] [＋植物]"这几个义素，"乔木"具有"[－矮小] [－丛生] [＋木本] [＋植物]"这几个义素。在这里，"＋"表示具有该特征，"－"表示不具有该特征。其中，"[木本] [植物]"是"灌木"和"乔木"的共同特征，被称为"共同义素"，而"[矮小] [丛生]"是两者的区别特征，被称为"区别义素"。

因为词汇意义由概念义和色彩义构成，所以本书认为一个词的义素由表示概念义的义素和表示色彩义的义素两部分构成。如果色彩义的义素具有褒义的倾向，即[＋褒义]，那么该词就是褒义词；如果色彩义具有贬义的倾向，即[＋贬义]，那么该词就是贬义词；如果色彩义不具有褒义或者贬义的倾向，即[－褒义]或者[－贬义]，那么该词就是中性词。比如：

(109) 动词

a. 挑衅 [＋鼓动对方与自己出战][＋故意挑事]

b. 挑战 [＋鼓动对方与自己出战][－故意挑事]

(110) 动词

a. 教导 [＋用言语引导][＋使进步]（邢向东，1985）

b. 教唆 [＋用言语引导][＋使堕落]（邢向东，1985）

在例（109）中，"挑衅"和"挑战"两个动词都具有[＋鼓动对方与自己出战]的义素，但是前者具有[＋故意挑事]这个表示贬义倾向的义素，而后者具有[－故意挑事]这个表示非贬义倾向的义素，所以"挑衅"是贬义词，"挑战"是中性词。在例（110）中，"教导"和"教唆"两个动词都具有[＋用言语引导]的义素，但是前者具有[＋使进步]这个表示褒义倾向的义素，而后者具有[＋使堕落]这个表示贬义倾向的义素，所以"教导"是褒义词，"教唆"是贬义词。

(111) 名词

a. 成果 [＋事物发展所达到的最后状态][＋好]

b. 后果 [＋事物发展所达到的最后状态][＋坏]

c. 结果 [＋事物发展所达到的最后状态][－坏][－好]

在例（111）中，"成果""后果""结果"这几个名词都含有[＋事物发展所达到的最后状态]这个义素。不过，"成果"这个词含有[＋好]这一褒义倾向的义素，"后果"含有[＋坏]这一贬义倾向的义素，"结果"包含[－坏]这一非贬义义素和[－好]这一非褒义义素。所以，这三个词语分别是褒义词、贬义词和中性词。

(112) 副词

a. 一味 [＋一直][＋盲目]

b. 一心 ［＋一直］［＋全心全意］

在例（112）中，"一味"和"一心"这两个副词都含有［＋一直］这个义素，但是前者的另一个义素是具有贬义倾向的［＋盲目］，后者的另一个义素是具有褒义倾向的［＋全心全意］，故前者是贬义词，后者是褒义词。

(113) 形容词
a. 轻松 ［＋心情］［＋好］
b. 沉重 ［＋心情］［＋坏］

在例（113）中，"轻松"和"沉重"具有［＋心情］这个义素，除此之外，前者具有［＋好］这一褒义倾向的义素，后者与之相反，具有［＋坏］这一贬义倾向的义素，故前者是褒义词，后者是贬义词。

二、句法层面对语义解读的影响

（一）谓语动词对语义解读的影响

在一个被动句中，当谓语动词以外的其他要素不变而只有谓语动词发生变化时，句子的语义解读就会因谓语动词感情色彩的不同而不同。比如，例（114）中的三个被动句，除了谓语动词，另外的要素都是一样的。

(114) a. 张三被他们煽动起来。
b. 张三被他们鼓动起来。
c. 张三被他们鼓舞起来。

在例（115）中，"煽动""鼓动""鼓舞"这三个谓语动词如例都具有［＋激发人的情绪使之行动起来］这一共同义素，除此之外，"煽动"还包含了［＋使其往不利方向］这一贬义倾向的义素，"鼓舞"包含了褒义倾向的义素［＋使其往积极方向］，"鼓动"不具有这些褒义或者贬

义倾向的义素，所以"煽动""鼓动""鼓舞"分别是贬义词、中性词和褒义词。

(115) 煽动：[＋激发人的情绪使之行动起来][＋使其往不利方向]

鼓动：[＋激发人的情绪使之行动起来][－使其往不利方向][－使其往积极方向]

鼓舞：[＋激发人的情绪使之行动起来][＋使其往积极方向]

因此，例（114）三个句子蕴含的语义也不一样。例（114a）和例（114b）分别表示"张三"受到了不好的影响和"张三"受到了积极的好的影响，而例（114c）并没有包含这些语义。下面的例（116）和例（117）也是一样。

(116) a. 这个信息被散布开去了。
b. 这个信息被传播开去了。
(117) a. 张三被很多人拜访过。
b. 张三被很多人访问过。

无论在例（116）中还是在例（117）中，只有谓语动词不一样，而被动句的其他要素都是一样的。如例（118）中的"散步"和"传播"都有[＋将信息分布到各处]这一义素，但是前者还有[＋别有用心]这一贬义倾向的义素，而后者既没有贬义倾向的义素，也没有褒义倾向的义素，所以"散步"和"传播"分别是贬义词和中性词。例（119）中的"拜访"和"访问"都有[＋去探望别人]的义素，除此之外，"拜访"还包含[＋带有敬意]这一褒义倾向的义素，而"访问"没有该义素，所以前者是褒义词，后者贬义词。

(118) 散布：[＋将信息分布到各处][＋别有用心]
传播：[＋将信息分布到各处][－别有用心]

(119) 拜访：[＋去探望别人][＋带有敬意]
访问：[＋去探望别人][－带有敬意]

因此，例（116a）和例（116b）、例（117a）和例（117b）表示不同的语义。例（116a）蕴含与"这个信息"相关的人受到了不好的影响，例（117b）则没有这样的含义。例（117a）蕴含了"张三"受到了很多的尊敬，具有褒义的倾向，而例（117b）则没有这层含义。

由此可见，被动句的语义会受谓语动词的感情色彩的影响。一般情况下，如果被动句的谓语动词是褒义词，作为受动者的话题则会受到正面的积极的影响；如果谓语动词是贬义词，充当话题的受动者则会受到负面的消极的影响；如果谓语动词是中性词，则没有积极或者消极的影响。

（二）施动者及动作的间接对象对语义解读的影响

在被动句例（120）中，除了施动者，其他的句子成分都是一样的。

(120) a. 这个信息被<u>不法人员</u>传播开来。
b. 这个信息被<u>站在时代前沿的勇士</u>传播开来。
c. 这个信息被<u>大家</u>传播开来。

如例（121）所示，"不法人员""站在时代前沿的勇士""大家"这三个施动者都表示人，都具有［＋人］这个义素，但是它们分别具有［＋坏］、［＋好］和［－坏］、［－好］义素，所以它们的感情色彩不一样，分别是贬义词、褒义词和中性词。

(121) 不法人员：［＋人］［＋坏］
站在时代前沿的勇士：［＋人］［＋好］
大家：［＋人］［－坏］［－好］

因此，例（120a）、例（120b）和例（120c）各自含有不同的语义。例（120a）表示与"这个信息"的相关者受到了负面的影响，例

(120b)表示与"这个信息"的相关者受到了正面的影响，而例（120c）则没有这一层含义。

下面的例（122）也一样，根据例（123）的义素分析，可知"一家顶级公司""一家流氓公司""一家公司"分别是褒义词、贬义词、中性词。

(122) a. 这个人被<u>一家顶级公司</u>招收了。
b. 这个人被<u>一家流氓公司</u>招收了。
c. 这个人被<u>一家公司</u>招收了。
(123) 一家顶级公司：［＋企业组织］［＋好］
一家流氓公司：［＋企业组织］［＋坏］
一家公司：［＋企业组织］［－坏］［－好］

因此，例（122a）表示"这个人"受到了好的影响，与之相对，例（122b）表示"这个人"受到了不好的影响，而例（122c）则没有这一层的含义。

在例（124）中，动作作用的对象各不相同，其他句法要素都是一样的。

(124) a. 张三被大家称为<u>老黄牛</u>。
b. 张三被大家称为<u>老狐狸</u>。
c. 张三被大家称为<u>张主任</u>。

如例（125）所示，"老黄牛""老狐狸""张主任"这三个动作的对象都有［＋人］这一共同义素。不过，"老黄牛"还有［＋勤勤恳恳］这一褒义倾向的义素，"老狐狸"具有［＋老奸巨猾］这一贬义倾向的义素，而"张主任"既没有褒义倾向的义素，也没有贬义倾向的义素，所以它们分别是褒义词、贬义词和中性词。

(125) 老黄牛：［＋人］［＋勤勤恳恳］

老狐狸：[＋人][＋老奸巨猾]

张主任：[＋人]

因此，例（124a）、例（124b）和例（124c）也具有不同的语义。例（124a）是"张三"被大家夸赞为一个勤勤恳恳的人，这对"张三"来说是正面的积极的影响；例（124b）表示"张三"被大家说成是一个老奸巨猾的人，这对"张三"来说是一个不好的评价，所以"张三"受到的是不好的影响；例（124c）只是客观地描述一个事实，即张三担任主任一职，大家称其为张主任，这对"张三"来说没有什么好的或者不好的影响。

（三）补语对语义解读的影响

在补语中，一般趋向补语、地点补语、时间补语都表示中性的感情色彩，而结果补语除了中性的感情色彩，另外还有褒义或者贬义的感情色彩，接下来将探讨结果补语的感情色彩如何对被动句的语义产生影响。

例（126）中的三个句子的结果补语各不相同，其他成分都一样。

(126) a. 我的小狗被洗干净了。

b. 我的小狗被洗脱毛了。

c. 我的小狗被洗好了。

如例（127）所示，"干净"的[＋喜欢]这一义素倾向于褒义，"脱毛"的[＋嫌弃]这一义素倾向于贬义，而"好"没有褒义或者贬义的倾向。

(127) 干净：[＋无污染][＋喜欢]

脱毛：[＋毛掉了][＋嫌弃]

好：[＋完成]

所以，例（126a）、例（126b）、例（126c）这三个被动句具有不

同的感情色彩。例（126a）中，"小狗"变得干净了，对它来说是一件好事，所以"小狗"是受到了好的影响；例（126b）中，"小狗"的毛都快洗没了，所以"小狗"是受到了不好的影响；例（126c）没有像例（126a）或者例（126b）那样的含义，只是客观陈述一个事实。

在例（128）中，结果补语由"得"字补语充当。在这些例句中，"得"字补语不一样，被动句的其他要素是一样的。

(128) a. 这块牛肉被烤得<u>很香</u>。
b. 这块牛肉被烤得<u>失去了水分</u>。
c. 这块牛肉被烤得<u>吱吱作响</u>。

从例（129）可知，"很香"具有［＋喜欢］这一褒义倾向的义素，"失去了水分"含有［＋讨厌］这一贬义倾向的义素，"吱吱作响"没有褒义或者贬义的义素。

(129) 很香：［＋味道好闻］［＋喜欢］
失去了水分：失去［＋从有到无］［＋讨厌］
水分［＋物体所含的水］
吱吱作响：［＋烤肉的声音］

因此，例（128a）、例（128b）、例（128c）含有不同的语义。例（128a）表示牛肉烤得很好，发出了阵阵香味，对与"牛肉"相关者（比如吃牛肉的人或者牛肉烧烤店）来说，这是一件好事，所以他们受到了好的影响；例（128b）表示牛肉烤过了头，水分都没了，对与"牛肉"相关者来说，这是一件不太好的事情，所以他们受到了不好的影响；例（128c）只是表示烤牛肉的时候发出了吱吱的响声，对与"牛肉"相关者来说无所谓好坏。

（四）状语对语义解读的影响

在例（130）中，除了充当状语的副词，其他各个要素都是一样的。

(130) a. 老奶奶被热情地抱了一下。

b. 老奶奶被敷衍地抱了一下。

c. 老奶奶被轻轻地抱了一下。

如（131）所示，"热情地"和"敷衍地"都具有［＋做事态度］这一共同义素，但是两者也有差别，前者含有一个褒义义素［＋积极］，后者含有一个贬义义素［＋不认真］。至于"轻轻地"这个副词，没有褒义或者贬义义素。

(131) 热情地：［＋做事态度］［＋积极］

敷衍地：［＋做事态度］［＋不认真］

轻轻地：［＋做事情态］

所以，例（130a）、例（130b）、例（130c）具有不同的感情色彩。例（130a）和例（130b）分别表示"老奶奶"受到了好的积极的影响和不好的消极的影响，而例（130c）并不具有这些含义。

下面的例（132）也是一样。例（132a）的"小心翼翼地"和例（132c）的"慢慢地"都表示做事的情态，不过前者含有［＋十分谨慎］这一褒义倾向的义素，而后者不包含这一义素，例（132b）的"慢慢地"表示做事的态度，含有［＋没有感情］这一贬义倾向的义素。

(132) a. 大门被小心翼翼地关上了。

b. 大门被无情地关上了。

c. 大门被慢慢地关上了。

(133) 小心翼翼地：［＋做事情态］［＋十分谨慎］

无情地：［＋做事态度］［＋没有感情］

慢慢地：［＋做事情态］

因此，例（132a）表示关大门时非常小心谨慎，对与"大门"的相

关者来说，这是积极的事情；例（132b）表示关大门的时候没有感情，对与"大门"的相关者来说，这是消极的不好的事情；例（132c）只是客观地描述了关大门时候的样子，这对与"大门"的相关者来说无所谓积极影响或者消极影响。

三、语用层面对语义解读的影响

汉语被动句的语义解读也会受到语用层面的影响。如下面的例（134）当其单独存在而不考虑语境时，该句并没有褒义或者贬义的含义，只是一个中性语义的句子。

（134）狱门被打开了。

但是，当例（134）进入具体语境时，其语义解读就会根据语境不同而发生变化。比如：

（135）a. 到了慕尼黑以后，罗姆和他的一伙人被囚禁于十年前他和希特勒曾被监禁的同一个监狱里。那一天下午，处决开始。在罗姆的狱室中放了一枝手枪，但因为他不肯领情，于是<u>狱门被打开了</u>，几分钟内，他就被一排子弹打穿。（CCL语料库《第二次世界大战回忆录 第一卷 风云紧急》）

b. 张三在狱中积极改造，由于表现良好，获得了减刑。今天是出狱的日子，张三显得格外激动。只听见一阵开锁的声音，<u>狱门被打开了</u>，太阳光照了进来……

c. <u>狱门被打开了</u>，又到了每天的劳动时间了。张三和往常一样，跟着大部队来到了工作车间。

在例（135a）中，"狱门被打开了"之后，"罗姆"被"一排子弹打穿"，所以"狱门被打开了"对"罗姆"来说是一件不好的事情。在例（135b）中，"狱门被打开了"也意味着"张三"可以出狱了，所以这个事情对"张三"来说是一件好事。在例（135c）中，"狱门被打开了"

之后,"张三"去了车间劳动,所以"狱门被打开了"对"张三"来说没有什么好坏之分。

例(136)和例(136)也是一样,句法形式一样的被动句在不同的语境里会有不同的解读。

(136) a. 叫他这一哭闹,我们不知道该怎么办才好了。
b. 叫他这一哭闹,田大姑倒又清醒起来了。(《烈火金钢》)
(137) a. 刚开始愉快的气氛让他这么一闹变得紧张起来。
b. 不过刚开始的紧张气氛让他这么一闹倒是冲淡了不少。(《华风苍穹》)

在例(136a)中,"他一哭闹"之后,"我们"变得束手无策,非常苦恼。也就是说,"他一哭闹"这个事情对"我们"产生了不好的影响。而在例(136b)中,"他一哭闹"之后,"田大姑"变得清醒了。"他一哭闹"这个事情对"田大姑"产生了积极的好的影响。在例(137a)中,"他一闹"使得愉快的气氛变得紧张起来,也就是说,"他一闹"这件事情对沉浸在"愉快的气氛"中的人产生了不好的消极的影响。与之相反,在例(137b)中,"他一闹"使得紧张的气氛冲淡了不少,也就是说,"他一闹"这件事情对处于"紧张气氛"中的人产生了好的积极的影响。

由此可见,语用层面也会对被动句的语义解读产生影响,即使是同一句法形式的被动句,在不同的语境里会有不同的解读。

四、总结

本书主要从义素分析法的角度,探讨句法层面和语用层面的因素对被动句语义的影响。通过研究,我们发现谓语动词、宾语、补语、状语等句法要素都会对被动句的语义解读产生影响。当被动句的其他要素一样而只有一个要素不一样时,如果该要素具有褒义色彩,那么被动句中的话题或者与其相关者就会受到好的积极的影响;如果该要素具有贬义

色彩，那么被动句中的话题或者与其相关者就会受到不好的消极的影响；如果该要素具有中性色彩，那么对被动句中的话题或者与其相关者来说无所谓好坏。除了句法要素，语用层面也会对被动句的语义解读产生影响，具有同一句法形式的被动句，在不同的语境里会有不同的解读。

第二章　"P是P"和"Pには/ことはP"的对比

第一节　基于语料库的"P是P"的句法特点

在汉语中，存在着同一个动词重复出现在"是"字前后的结构，本书将这样的结构称为"P是P"结构。比如：

（1）"对这些人的话要仔细听。他不是说一定想办法吗？他可以想出办法来，也可以说想是想了，还是没办法。"（CCL语料库，周而复《上海的早晨》）

（2）当记者问起价格，李老汉哈哈一笑，说："甲鱼80元一斤，活虾50元一斤，贵是贵了点，但也要吃。"（CCL语料库，2000年《人民日报》）

（3）也许有人会说，高树槐好是好，但是他的"老黄牛"精神太"传统"了，缺少现代意识。（CCL语料库，1994年《报刊精选》）

上述句子往往隐含有转折的语义。[①] 如例（1）和例（2），当这个结构的后面所接的句子表示转折的语义时，整个句子可以成立。与此相

[①] 本书只对"V是V"结构单个出现时的例句进行研究。像"喝是喝，吃是吃"这种"V是V"成对出现的例句，不在本书的研究范围。

对，当这两个结构之后所跟的句子表示顺接的语义时，句子就无法成立。比如：

（4）*"对这些人的话要仔细听。他不是说一定想办法吗？他可以想出办法来，也可以说<u>想是想了</u>，［想出了一个好办法］。"

（5）*当记者问起价格，李老汉哈哈一笑，说："甲鱼80元一斤，活虾50元一斤，<u>贵是贵了点</u>，［不吃了］。"

（6）*也许有人会说，高树槐<u>好是好</u>，［他的"老黄牛"精神具有现代意识］。

下面将从CCL语料库中收集包含"P是P"结构的例句，并通过定量分析方法对"P是P"的类型和P的特点进行探究。

一、"P是P"的类型

（一）根据有无转折词的分类

首先，根据"P是P"的后续句子有无转折词，可以将"P是P"分为后续句子有转折词和无转折词两种类型。

表2-1 根据有无转折词对"P是P"进行的分类

	例句数量（例）	占比（%）
有转折词的句子	65	39.4
无转折词的句子	100	60.6

笔者从CCL语料库中收集到的"P是P"例句共有165例（见表2-1）。其中，"P是P"的后续句子含有转折词的例句共有65例，占例句总数的39.4%。"P是P"的后续句子无转折词的例句更多，共有100例，占例句总数的60.6%。

1. 有转折词的情况

当"P是P"的后续句子有转折词时，其转折词的类型也多种多样，包括"但""可""可是""却""但是""不过"6种类型。其中，

"但"这个转折词最多,共有 51 例,占含有转折词例句总数的 78.5%;转折词"可"次之,共有 24 例;"不过"的数量最少,共有 2 例(见表 2—2)。

表 2—2 "P 是 P"的后续句子有转折词的情况

	例句数量(例)	占比(%)
但	51	78.5
可	24	36.9
可是	9	13.8
却	8	12.3
但是	6	9.2
不过	2	3.1

在例(7)～例(10)中,"P 是 P"后续句子的转折词是"但"。

(7) **刻苦工作是刻苦工作,但**享受生活是另外一会事儿。其实所谓创业的过程,大家都很清楚,基本上属于眼睛一睁忙到熄灯,连做梦都是工作的事情。(CCL 语料库,《创业者对话创业者》)

(8) 国家当然要投资,要尽量解决经费问题,但科技单位也应该为自身的生存发展去筹款。过去的传统看法是:学者**穷是穷,但**社会地位还是很高,受到重视。(CCL 语料库,1994年《报刊精选》)

(9) 今年 6 月份,建设部在上海召开现场会,推广上海建设文明工地的经验。一位外地建筑公司的经理看了后,说了这样一句话:"**好是好,但**投入太多,恐怕很难学。"(CCL 语料库,1996 年《人民日报》)

不过,如例(10)～例(12),即使没有"但",句子也是成立的。

(10) **刻苦工作是刻苦工作**,享受生活是另外一会事儿。

其实所谓创业的过程，大家都很清楚，基本上属于眼睛一睁忙到熄灯，连做梦都是工作的事情。

（11）国家当然要投资，要尽量解决经费问题，但科技单位也应该为自身的生存发展去筹款。过去的传统看法是：学者**穷是穷**，社会地位还是很高，受到重视。

（12）今年6月份，建设部在上海召开现场会，推广上海建设文明工地的经验。一位外地建筑公司的经理看了后，说了这样一句话："**好是好**，投入太多，恐怕很难学。"

在例（13）~例（15）中，"P是P"后续句子含有转折词"可"。

（13）到了邮局之后，邮务人员忙坏了，拆去外面的信封，取出台湾邮票，再贴香港邮票。你想，这不是一万二万封的信啊，而是几十万几十万封信件，**忙是忙了**，**可**捧着一封封的信，就是捧着一颗颗滚烫的心，里面浸透了多少亲人的思念之泪啊？（CCL语料库1994年，《报刊精选》）

（14）其实那碗猪肉酸菜炖粉条，因为缺油少肉无老汤，又酸又涩。可是每次母亲念叨起那碗猪肉酸菜炖粉条，都说："**酸是酸了些**，**可**我儿的孝心却是香的！"（CCL语料库，2000年《人民日报》）

（15）有人说，美国是汽车轮子上的国家，形容汽车之多；然而我要说，我们的湘西却是背篓上的湘西，是汉族土家族兄弟姐妹用背篓背出来的，**苦是苦了点**，**可**其精神不是更伟大更令人钦敬吗？（CCL语料库，1994年《人民日报》）

当转折词"可"没有时，"P是P"结构与其后续句子之间仍含有转折语义关系。比如：

（16）到了邮局之后，邮务人员忙坏了，拆去外面的信封，取出台湾邮票，再贴香港邮票。你想，这不是一万二万封的信

啊，而是几十万几十万封信件，**忙是忙了**，捧着一封封的信，就是捧着一颗颗滚烫的心，里面浸透了多少亲人的思念之泪啊？

（17）其实那碗猪肉酸菜炖粉条，因为缺油少肉无老汤，又酸又涩。可是每次母亲念叨起那碗猪肉酸菜炖粉条，都说："**酸是酸了些**，我儿的孝心却是香的！"

（18）有人说，美国是汽车轮子上的国家，形容汽车之多；然而我要说，我们的湘西却是背篓上的湘西，是汉族土家族兄弟姐妹用背篓背出来的，**苦是苦了点**，其精神不是更伟大更令人钦敬吗？

在例（19）～例（21）中，"P是P"后续句子含有转折词"可是"。

（19）"哭什么呢？我不是回来了？""**回是回来了，可是**以后怎么办呢？""还能饿死不成？"（CCL语料库，1995年《作家文摘》）

（20）（问：您懂满文吗？）我，我懂，**懂是懂，可是**不行，我就认得字母，就是说字母那功夫儿认得，就是说字母，念念，字母能认下来，能把字母念下来，比方有些字儿，还能知道点儿。（CCL语料库，《1982年北京话调查资料》）

即使"可是"这个转折词不明示，"P是P"结构和其后续句子的转折语义关系依然存在。比如：

（21）"哭什么呢？我不是回来了？""**回是回来了**，以后怎么办呢？""还能饿死不成？"

（22）（问：您懂满文吗？）我，我懂，**懂是懂**，不行，我就认得字母，就是说字母那功夫儿认得，就是说字母，念念，字母能认下来，能把字母念下来，比方有些字儿，还能知道点儿。

在例（23）～例（24）中，"P 是 P"后续句子含有转折词"却"。

（23）刘桂枝在与我们说话时，脸上始终有笑意。她说：日子过得**苦是苦**，**却**有人帮助。为女儿梅花复学，省上领导给钱，县上领导也给钱。孩子也争气，她的书法前年在中日书画展览会上获奖。想起孩子出息，这日子也不觉得多苦。（CCL 语料库，1996 年《人民日报》）

（24）我是在傍晚登上国贸大厦的旋转餐厅的，就这么瞧瞧看看、思思想想着，天光竟一点点地暗下去了，暗下去了，暮色苍茫，行将淹没城市之际，万家灯火又在一刹那间大放光明。**光明是光明的了**，**却**不能普照，万象呈现出朦胧，不见了错落有致，不见了轮廓分明，不见了……（CCL 语料库，1994 年《人民日报》）

无论该转折词存在与否，"P 是 P"结构和其后续句子的转折语义关系依然存在。比如：

（25）刘桂枝在与我们说话时，脸上始终有笑意。她说：日子过得**苦是苦**，有人帮助。为女儿梅花复学，省上领导给钱，县上领导也给钱。孩子也争气，她的书法前年在中日书画展览会上获奖。想起孩子出息，这日子也不觉得多苦。

（26）我是在傍晚登上国贸大厦的旋转餐厅的，就这么瞧瞧看看、思思想想着，天光竟一点点地暗下去了，暗下去了，暮色苍茫，行将淹没城市之际，万家灯火又在一刹那间大放光明。**光明是光明的了**，不能普照，万象呈现出朦胧，不见了错落有致，不见了轮廓分明，不见了……

在例（27）～例（29）中，"P 是 P"后续句子含有转折词"但是"。和上述例句一样，无论是否有转折词，转折语义依然存在。

(27) 我是民国六年生人，民国六年没有这样儿事。但是这一点呢，您说的这儿了，我还想说啊，这个所谓俸禄这事儿啊，**有是有，但是**在跟社会上流传的这个啊不一样，社会上流传的这个啊，有很多是误解的，就说所有的满族人都有俸禄，俸禄啊不是这样儿。(CCL 语料库，《1982 年北京话调查资料》)

(28) 实际上，北京的送餐市场**大是大，但是**大都市里写字楼、会议场所星罗棋布，供餐数量特别分散。(CCL 语料库，1994 年《报刊精选》)

(29) 同行的人插话道："那么，我们这些外国人不也跟着沾光了吗？"胡先生说："**沾是沾点，但是**，当你千里迢迢来到这里时，又是交通费、食宿费，又是购物费用，你在交这些费用时，已按一定比例缴纳税款了。你当然也可以享受这个免费待遇了。"(CCL 语料库，1998 年《人民日报》)

在例（30）~例（31）中，"P 是 P"后续句子含有转折词"不过"。和上述例句一样，无论是否有转折词，转折语义依然存在。

(30) 那范文程也看了一会地图，考虑一下，摇头晃脑地对努尔哈赤说："这个建议**好是好，不过**有点冒险。先占领北石山，就切断了明朝的宁锦防线。再攻锦州，就可以一鼓而下，因为南来的援军已被阻于北石山下。那就不妨一试。"(CCL 语料库，李文澄《努尔哈赤》)

(31) 稳农先稳粮，稳粮则须先稳地。地分散在千家万户，要保证粮田面积也决非易事。**难是难，不过**，廊坊市顺利地闯过了这个难关。他们调整种植结构中只把住一条：地是任你种，但我要的你得给。(CCL 语料库，1995 年《人民日报》)

2. 无转折词

在无转折词的句子中，"P 是 P"后续句子的句首往往会出现"就""就是""只""只是"等词语。从表 2-3 可知，具有这些词的句子共有

22例，占无转折词例句总数的33.8%。

表2-3 "P是P"的后续句子无转折词的情况

	例句数量（例）		占比（%）	
就是	10	22	15.4	33.8
只是	6		9.2	
只	3		4.6	
就	3		4.6	
无	43		66.2	

例（32）、例（33）中，"P是P"结构的后续句子包含"就是"这个词语。吕叔湘（1999）通过"这孩子挺聪明，就是有点淘气"等例句，说明"就是"具有"确定范围，排除其他"的语义。

（32）三男一女四位编辑于去年二月赴北京组稿，四个人窝在招待所的地下室里。李巍说："**暖是暖和了，就是**空气温温腻腻的。"《人民文学》的编辑们到这里与他们见面，劝他们搬个地方，而他们的尴尬是没有钱。（CCL语料库，1994年《报刊精选》）

（33）毛泽东乐呵呵地："锦城虽云乐，不如早还家呵，看来十哥是真想家了哟！"毛仙梅仿如周身不舒服似地说："住在这个地方，**热是热闹，就是**听不到猪叫鸡叫，心里不踏实，还是早点回去好些。"（CCL语料库，1996年《作家文摘》）

在例（34）～例（35）中，即使加上转折词，句子也是可以成立的。

（34）三男一女四位编辑于去年二月赴北京组稿，四个人窝在招待所的地下室里。李巍说："**暖是暖和了，但就是**空气温温腻腻的。"《人民文学》的编辑们到这里与他们见面，劝他们搬个地方，而他们的尴尬是没有钱。

(35) 毛泽东乐呵呵地："锦城虽云乐，不如早还家呵，看来十哥是真想家了哟！"毛仙梅仿如周身不舒服似地说："住在这个地方，<u>热是热闹</u>，<u>可就是</u>听不到猪叫鸡叫，心里不踏实，还是早点回去好些。"

例（36）和例（37）中，"P是P"结构的后续句子包含"只是"这个词语。"只是"这个词"表示轻微的转折，意思重在前一小句，后一小句补充修正上文的意思。语气委婉，跟'不过'相近"（吕叔湘，1999：535）。

(36) 刚说完，父亲就说："伢儿，这一年复读的确没白读，你思想也提高了，做人就得这样，该让的就要舍得让！"母亲还没开口，眼泪先流出来："伢儿，这样做<u>对是对</u>，<u>只是</u>你自己不知要多吃多少苦。"（CCL语料库，1993年《作家文摘》）

(37) 可惜，当今的茶馆已充满了"现代派"色彩，价格昂贵，冲茶的一手绝活也不易看到了，代之而起的是时髦的女郎或侍应生端茶送水，<u>礼貌是礼貌</u>，<u>只是</u>觉得缺少了些传统的东西。（CCL语料库，1993年《人民日报》）

这些句子即使加入转折词，也是成立的。

(38) 刚说完，父亲就说："伢儿，这一年复读的确没白读，你思想也提高了，做人就得这样，该让的就要舍得让！"母亲还没开口，眼泪先流出来："伢儿，这样做<u>对是对</u>，<u>但只是</u>你自己不知要多吃多少苦。"

(39) 可惜，当今的茶馆已充满了"现代派"色彩，价格昂贵，冲茶的一手绝活也不易看到了，代之而起的是时髦的女郎或侍应生端茶送水，<u>礼貌是礼貌</u>，<u>但只是</u>觉得缺少了些传统的东西。

例（40）和例（41）中，"P是P"结构的后续句子包含"只"这个词语。和上述例句一样，即使在"P是P"结构的后续句子中加上转折词，句子也可以成立。

（40）摘译一部分，读者看过之后总有几句话说，有的嗔，有的笑，有的觉得痛快，也有自命为公允的男子作"平心之论"，或是说"过激了一点"，或是说"**对是对的**，只适用于少数的女人，不过无论如何，有则改之，无则加勉"等等。（CCL语料库，1993年《作家文摘》）

（41）汉景帝还有点犹豫，说："**好是好**，只怕削地会激起他们造反。"晁错说："诸侯存心造反的话，削地要反，不削地将来也要造反。现在造反，祸患还小；将来他们势力雄厚了，再反起来，祸患就更大了。"（CCL语料库，《中华上下五千年》）

例（42）和例（43）中，"P是P"结构的后续句子包含"就"这个词语。无论有无转折词，"P是P"结构与其后续句子之间都有转折语义的关系。

（42）有人说："这种承包的办法，下放了经营权，**灵活是灵活**，**就**怕出问题。过去曾经有一家基层店采用过这种办法，结果卖黄书出了事。（CCL语料库，1994年《报刊精选》）

（43）今年"一道税，一口清"，一下就少负担三四百元。不过，听说镇上一年要少收入200多万元。镇村干部、教师那么多，怎么养活？税费改革**好是好**，**就**怕以后再变过去。（CCL语料库，2000年《人民日报》）

（二）根据"P是P"与转折句之间有无其他句子分类

"P是P"结构与后续的转折句之间，有时可以插入其他成分，这样的句子共有6例（见表2—4）。

表2-4 "P是P"与转折句之间有无插入其他成分的情况

	例句数量（例）	占比（%）
"P是P"与转折句之间有插入其他成分	6	3.6
"P是P"与转折句之间无插入其他成分	159	96.4

"P是P"与转折句之间插入的其他成分主要可以分为三类：第一类是对P的解释说明，第二类是以"P也P了"的形式出现，第三类是对行为主体的补充说明。

例（44）和例（45）属于第一类，"P是P"与转折句之间插入的其他成分是对P的解释说明。在例（44）中，"风吹日晒"是对"辛苦"的具体解释说明；在例（45）中，"节水、省电"是喷灌的优点，即对喷灌好的具体说明。

（44）每天将收到的破烂卖到回收站，**辛苦是辛苦**，风吹日晒的，**但**扣除吃、住等开销，每天能赚个十来块钱。（CCL语料库，1994年《报刊精选》）

（45）这么好的设施为啥不用呢？正在猕猴桃园施肥的农民郑永智说，喷灌**好是好**，节水、省力，**但**不适合镇丰村的实际。镇丰村土地较少，过去浇地靠两口水井，想什么时候浇就什么时候浇。

例（46）和例（47）属于第二类，"P是P"与转折句之间插入的其他成分以"P也P"的形式出现。在这两个句子中，通过插入"便宜也便宜"和"骂也骂了"这种形式，进一步突出前句和后句之间的转折关系。

（46）"原先的早籼稻，**有料是有料**（指出米率高——记者注），便宜也便宜，**就是**难吃。饿饭的年代大家抢着买，可现在一般的早米，连我自己家都不吃了。"这是吴庆林的说法。（CCL语料库，2000年《人民日报》）

(47) 伯父满脸苦笑，只好助其一臂之力，一面好生抚弄，一面忍不住骂道：驴日的就像你也叫人阉了似的，草包东西。**帮是帮了**、**骂也骂了**，**却**大半无济于事，常常大半天做不成一桩生意。(CCL 语料库，1993 年《作家文摘》)

下面的例 (48) 属于第三类，"P 是 P" 与转折句之间插入的其他成分是对行为主体的补充说明。在该句中，"他" 是 "活" 的行为主体，"小小年纪" 是对该行为主体的补充说明。

(48) 50 多年前，也就是在那次冲绳保卫战中，父母双双殉难，只有他和姐姐幸存。**活是活下来了**，**小小年纪**，**却**成了美军的俘虏。(CCL 语料库，1998 年《人民日报》)

上述插入成分无论以何种形式存在，其主要作用就是进一步加强转折语义。即使去掉这些成分，句子也是可以成立的。比如：

(49) 每天将收到的破烂卖到回收站，**辛苦是辛苦**，但扣除吃、住等开销，每天能赚个十来块钱。

(50) 这么好的设施为啥不用呢？正在猕猴桃园施肥的农民郑永智说，喷灌**好是好**，**但**不适合镇丰村的实际。镇丰村土地较少，过去浇地靠两口水井，想什么时候浇就什么时候浇。

(51) "原先的早籼稻，**有料是有料**（指出米率高——记者注），**就是**难吃。饿饭的年代大家抢着买，可现在一般的早米，连我自己家都不吃了。"这是吴庆林的说法。

(52) 伯父满脸苦笑，只好助其一臂之力，一面好生抚弄，一面忍不住骂道：驴日的就像你也叫人阉了似的，草包东西。**帮是帮了**，**却**大半无济于事，常常大半天做不成一桩生意。

(53) 50 多年前，也就是在那次冲绳保卫战中，父母双双殉难，只有他和姐姐幸存。**活是活下来了**，**却**成了美军的俘虏。

（三）根据第二个 P 之后是否有后续元素分类

根据第二个 P 之后是否有后续元素，可以将"P 是 P"结构分为第二个 P 之后有后续元素和无后续元素两大类。其中，无后续元素的句子比较多，达到了 110 例，而有后续元素的句子也不少，有 55 例（见表 2-5）。

表 2-5　第二个 P 之后是否有后续元素的情况

	例句数量（例）	占比（%）
第二个 P 之后有后续元素	55	3.6
第二个 P 之后无后续元素	110	96.4

当第二个 P 之后有后续元素时，P 主要是由动词或者形容词充当，可以分为"P 是 P 了""P 是 P 点""P 是 P～了""P 是 P 了～""P 是 P＋宾语""P 是 P 的"等类型。

在例（54）～例（56）中，"苦是苦了""安全是安全了""胜是胜了"都是"P 是 P 了"的类型。

（54）3 年之内就拍了上百部影片，真令人难以思议。**苦是苦了**，却也锻炼了冯宝宝。（CCL 语料库，1993 年《人民日报》）

（55）洪水进城时，农行的职工和素不相识的人共 300 多人躲在楼上。**安全是安全了**，但没有食品和饮用水。（CCL 语料库，1995 年《人民日报》）

（56）**胜是胜了**，但综观全场比赛，中国队却未能发挥出应有的水平。（CCL 语料库，1998 年《人民日报》）

在例（57）～例（58）中，"累是累点""苦是苦点"都是"P 是 P 点"的类型。

（57）35 岁的农民韩守军，干卖粪生意三个月了，他说，这活儿起早贪黑，**累是累点**，可收入也不少，3 个月赚了 2000

多元。(CCL 语料库，1993 年《人民日报》)

（58）"整天干这活不觉得苦吗？""**苦是苦点**。但习惯了，也不觉得苦了。咱农民嘛，能找下活干就很不错。人家给的又是现钱，家里每月能有这几百元的收入，顶不少事哩！"(CCL 语料库，2000 年《人民日报》)

在例（59）～例（61）中，"逃是逃出来了""看是看上了""看是看完了"属于"P 是 P～了"类型。在该类型中，"P～"主要由一个动补结构充当。

（59）于是，在一个风雨交加的夜晚，他趁机逃出了农场，跑到了距农场 300 多公里的花莲市。**逃是逃出来了**，但举目无亲，身无分文，到哪里去找填肚子的食物呢？(CCL 语料库，1996 年《作家文摘》)

（60）文草在厨房洗完碗，回到客厅，看见衣帽架上挂着一身红色的套装，便问宝姑："你又去相对象了？人怎么样？看上没有？"宝姑道："**看是看上了**，是体院的退休教练，但肯定不行。"(CCL 语料库，1997 年《作家文摘》)

（61）几天后，彭总拿来《阿 Q 正传》翻了翻："超伢子，书看完没有，里面讲的是什么意思？"起超怕挨批评，便硬着头皮答道："伯伯，**看是看完了**，就是看不懂。"(CCL 语料库，1997 年《作家文摘》)

在例（62）～例（64）中，"简单是简单了点""文明是文明了些""累是累了点儿"都是"P 是 P 了～"的类型。该类型的句子主要是以"P 是 P 了点"和"P 是 P 了些"的形式出现。

（62）那个时候，乡下人的文化生活**简单是简单了点**，可没有这个，人就更单调了。(CCL 语料库，1995 年《人民日报》)

(63) 第二期是由野蛮向文明过渡期，则开始借用刀、剑、匕首之类的工具，将煮熟了的肉一小块一小块切开，然后送进口里。**文明是文明了些**，但仍摆脱不了杀、戮。（CCL 语料库，1994 年《人民日报》）

(64) 车是从别人那儿租的，一个月车费 100 多块，干好了能挣三四百元。**累是累了点儿**，可收入比在家干农活多了几十倍。（CCL 语料库，1994 年《人民日报》）

例（65）和例（66）分别都是"P 是 P＋宾语"类型和"P 是 P 的"类型。

(65) 她当过兽医，当过农工，她患癌症还下地割大豆，疼得厉害时自己用镰刀把顶着肚子。别人叫她休息，**她说是说'没啥'**！领导强行把她送进上海医院治病。（CCL 语料库，1994 年《报刊精选》）

(66) 摘译一部分，读者看过之后总有几句话说，有的嗔，有的笑，有的觉得痛快，也有自命为公允的男子作"平心之论"，或是说"过激了一点"，或是说"**对是对的**，只适用于少数的女人，不过无论如何，有则改之，无则加勉"等等。（CCL 语料库，1993 年《作家文摘》）

(67) 乂一在昏夜里，偷偷地老泪纵横地计算着：让敏雄做点什么工作来维持生活呢？也让他批发点日用品，担副担子，沿着乡村去叫卖么？**好是好的**，可是哪里有这笔本钱呢？……（CCL 语料库，1995 年《作家文摘》）

二、P 的词性和音节

（一）P 的词性

在"P 是 P"结构中，P 可以由形容词、动词、名词、数量词等词充当。

表 2-6　的词性

	例句数量（例）	占比（%）
形容词	110	66.7
动词	42	25.5
名词	7	4.2
数量词	1	0.06
词的组合	5	3.0

由表 2-6 可知，P 是形容词的例句最多，有 110 例，占总数的 66.7%；其次是由动词充当 P 的例句，有 42 例；P 是数量词的例句最少，仅有 1 例。

1. P 是形容词的情况

由表 2-7 可见，在 110 例的形容词例子中，P 是描写性形容词的例子有 69 例，占 62.7%；P 是关系性形容词的例子有 41 例，占 37.3%。

表 2-7　P 是形容词的情况

	例句数量（例）	占比（%）
描写性形容词	69	62.7
关系性形容词	41	37.3

当 P 是描写性形容词时，其可以是表示味道、价格、肤色、身材、数量等。比如：

(68) 他边自己品味边殷切地问我："咋样？"我的回答倒也还老实。我说："**好吃是好吃**。可要我为它跑半个北京城，我划不来。"（CCL 语料库，1998 年《人民日报》）

(69) 商店来了一种相机。特棒！才 600 多块钱。**贵是贵了点**，但咱家还是挺需要的。比如孩子一生下来，咱就给他拍片子。（CCL 语料库，1997 年《作家文摘》）

(70) 如今，张文婷的猪场年出猪一千头，大蒜一亩可收

二三千元，玉米可收入四五百元，引进了枣树、梨树新品种，并引进高科技，打深水井两眼，多管井两眼，实施滴灌，并造起两万多株树木的防护林网，办起了立体农业。她已还完了高利贷。她人**黑是黑**，却是一匹黑骏马。(CCL语料库，2000年《人民日报》)

(71) 这老头**瘦是瘦**，精神头儿还好，而树被断定为一九四八年栽的，又归属于他，冬天里他就病倒了。一开春，地气上升，病又加重，不知什么时候咽气在家里，村人发现了的时候，人已经僵硬。(CCL语料库，1997年《作家文摘》)

(72) 他毕竟有一本散文集要出版了。十七年出一本散文集，我又控制不住要慨叹了。然而从这件事的另一面来看，他抽暇所写的散文，当是体验最深不吐不快的人生片断……**少是少了**，却是精了。(CCL语料库，1996年《作家文摘》)

以上例句中的"好吃是好吃""贵是贵了点""黑是黑""瘦是瘦""少是少了"分别表示味道、价格、肤色、身材和数量等。

当P是关系性形容词时，其可以表示关系、态度等。比如：

(73) 那天读报，报上的一则大红广告吸引着我："温泉度假八折优惠六一奉献给儿童少年最诚挚的爱心！"这广告**好是好**，读来也令人怦然心动，但我心里总在嘀咕：喂，有没有搞错？什么时候，咱们的小孩子们腰缠万贯，懂得潇洒人生啦？(CCL语料库，1998年《人民日报》)

(74) 可惜，当今的茶馆已充满了"现代派"色彩，价格昂贵，冲茶的一手绝活也不易看到了，代之而起的是时髦的女郎或侍应生端茶送水，**礼貌是礼貌**，只是觉得缺少了些传统的东西。(CCL语料库，1993年《人民日报》)

(75) 第二期是由野蛮向文明过渡期，则开始借用刀、剑、匕首之类的工具，将煮熟了的肉一小块一小块切开，然后送进口里。**文明是文明了些**，但仍摆脱不了杀、戮。(CCL语料

库，1994年《人民日报》）

以上例句中的"好是好"表示关系，"礼貌和礼貌"和"文明是文明了些"表示态度。

2. P是动词的情况

当P是动词时，P又可以分为五类，分别是：一般动作动词、表示存在变化消失的动词、移动动词、心理活动的动词和能愿动词（见表2-8）。

表2-8　P是动词的情况

	例句数量（例）	占比（%）
一般动作动词	30	71.4
表示存在、变化、消失的动词	6	14.3
移动动词	3	7.1
心理活动的动词	2	4.8
能愿动词	1	2.4

P是一般动作动词的例句共有30例，占总数的71.4%。在例（76）～例（79）中，"骗""吵""听""胜"都是表示一般动作的动词。比如：

（76）**骗是骗**，我得赶紧找赚钱的路子，否则总有一天会骗不下去，免不了被管大爷赶出门的厄运。（CCL语料库，《中国北漂艺人生存实录》）

（77）他跟穗珠**吵是吵**，但她的话他不会完全听不进，两次贷款共计八十二万元，高息画押岂是开玩笑的?!（CCL语料库，1995年《作家文摘》）

（78）处长老方是听处里曹干事描述的这类情况，**听是听了**，他并不全信。曹干事是老同志了，事情做得不多，却话多问题多，尤其把尹冰看不入眼。（CCL语料库，1996年《作家文摘》）

（79）**胜是胜了**，但综观全场比赛，中国队却未能发挥出

应有的水平。主教练马元安和上场队员们都承认这一点。(CCL 语料库，1998 年《人民日报》)

P 是表示存在、变化、消失的动词的例句共有 6 例，占了 14.3%。例（80）的"有"表示存在，例（81）的"变"表示变化。

（80）穗珠道："难道通过正常渠道就抓不住一本赚钱的书吗？"姚宗民为难道："**有是有**，但是麻烦特别多，比如史枯的画册，史枯你知道吗？"（CCL 语料库，1995 年《作家文摘》）

（81）如今呢，猛洞河也有些变了，排也不像往日的排，船也不似往日的船，就说这皮划艇吧，爷爷辈要是活着的话，兴许不晓得从哪里来的这家什。可**变是变了**，河还是这条河，水还是这趟水。（CCL 语料库，1996 年《人民日报》）

P 是移动动词的例句共有 3 例。比如：

（82）"哭什么呢？我不是回来了？""**回是回来了**，可是以后怎么办呢？"（CCL 语料库，1995 年《作家文摘》）

（83）于是，在一个风雨交加的夜晚，他趁机逃出了农场，跑到了距农场 300 多公里的花莲市。**逃是逃出来了**，但举目无亲，身无分文，到哪时去找填肚子的食物呢？（CCL 语料库，1996 年《作家文摘》）

在上述例句中，"回"和"逃"都是表示移动的移动动词。

P 是心理动词和能愿动词的例句比较少，分别是两例和 1 例。例（84）的"关心"是心理动词，例（85）的"可以"是能愿动词。

（84）去年他们还通过多种途径从内地的高校等单位招聘了 30 多名各类人才。"当然，**关心是关心**，对员工们的要求我

们还是很严格的。"(CCL 语料库，1993 年《人民日报》)

(85) 余校长苦笑一下："也只好出此下策了。不过各位也得出点血，借此机会请支书和村长来学校吃餐饭。每人十块钱，怎么样？"邓有梅说："**可以是可以**，在谁家做呢？"(CCL 语料库，1993 年《作家文摘》)

3. P 是名词的例句

当 P 是名词时，这些名词主要是双音节名词。比如例（86）～例（88）的"规定""事故""无息"都是双音节名词。

(86) 但是在缅甸内攀村士兵外出必须三人结伴，同出同归。**规定是规定**，每次结伴出去后我都是单独行动，去丁字路口旁的农家做访问，向这家的姑娘学习缅甸语；其他两个人便去慰安所。(CCL 语料库，1995 年《作家文摘》)

(87) 他说，**事故是事故**，但雷锋已经付出了生命的代价，不能把责任推给死者。再说，我们宣传的是雷锋的事迹，不是事故，这个宣传与事故是两回事。(CCL 语料库，1994 年《作家文摘》)

(88) 保姆原来曾帮她带大了儿子。儿子亲切地叫她阿姨，一家人都跟着这么喊。如今，保姆的儿子在外经商，已经富起来了。她拿出 2 万元借给作家，并声明是"无息"的。可**无息是无息**，怎么还呢？(CCL 语料库，1995 年《作家文摘》)

4. P 是数量词的情况

P 是数量词的例句很少，只有 1 例。

(89) 在家里虽说不上威风八面，一言九鼎，可一镇之长毕竟**一句是一句**，可到了外边，区区一镇之长，人微言轻，干的又大多是讨贷借钱的事情，就难有镇长的底气和威严。(CCL 语料库，1994 年《人民日报》)

5. P 是词的组合的情况

当 P 是词的组合时，包含"P 是 P"结构的句子主要可以分为 P 是"副词＋动词"和 P 是"动词＋名词"这两种类型。在例（90）～例（93）中，副词"刻苦"和"常"分别是对动词"工作"和"来"的修饰。"不"是对动词"怕"和"打"的限定。

（90）**刻苦工作是刻苦工作**，但享受生活是另外一会事儿。其实所谓创业的过程，大家都很清楚，基本上属于眼睛一睁忙到熄灯，连做梦都是工作的事情。旅行的时候照样还在思考，在工作。（CCL 语料库，《创业者对话创业者》）

（91）"**常来是常来**，可没见过你这种噱头货！"（CCL 语料库，1994 年《报刊精选》）

（92）我们敢一把扯断那丝，把虫子弄到地上，然后一脚踩出它的满肚子绿水儿来。**不怕是不怕**，可心中对这玩艺儿挺腻歪。这下子弄得大伙儿心里别别扭扭，大大扫了我们的玩兴。（CCL 语料库，1995 年《人民日报》）

（93）对中央军委的命令要认真执行，认真贯彻，决不能马马虎虎。这次打仗，**不打是不打**，打就一定要打好，也一定能打好，续写我军的新的光荣战史。（CCL 语料库，1994 年《作家文摘》）

在例（94）中，作为 P 的"有料"是由"动词＋名词"的形式构成的。

（94）"原先的早籼稻，**有料是有料**（指出米率高——记者注），便宜也便宜，就是难吃。饿饭的年代大家抢着买，可现在一般的早米，连我自己家都不吃了。"这是吴庆林的说法。（CCL 语料库，2000 年《人民日报》）

（二）P 的音节

当 P 为动词、形容词、动词和数量词时，根据 P 是单音节还是双音节，理论上可以将句子分为四类：第一个 P 和第二个 P 都是单音节、第一个 P 和第二个 P 都是双音节、第一个 P 是单音节而第二个 P 是双音节、第一个 P 是双音节而第二个 P 是单音节。但是，笔者收集到的例句中只有前三类，而没有最后一类。第一个 P 和第二个 P 都是单音节的例句最多，有 119 例，占 74.4%；第一个 P 是单音节而第二个 P 是双音节的例句最少，只有 3 例（见表 2-9）。

表 2-9 P 的音节情况

	例句数量（例）	占比（%）
第一个 P 和第二个 P 都是单音节	119	74.4
第一个 P 和第二个 P 都是双音节	38	23.8
第一个 P 是单音节而第二个 P 是双音节	3	1.9

第一个 P 和第二个 P 都是单音节的例句最多，共有 119 例。在这种情况下，P 主要是由动词和形容词充当。比如：

（95）商店来了一种相机。特棒！才 600 多块钱。**贵是贵了点**，但咱家还是挺需要的。比如孩子一生下来，咱就给他拍片子。（CCL 语料库，1997 年《作家文摘》）

（96）他跟穗珠**吵是吵**，但她的话他不会完全听不进，两次贷款共计八十二万元，高息画押岂是开玩笑的?!（CCL 语料库，1995 年《作家文摘》）

当第一个 P 和第二个 P 都是双音节时，P 可以是动词、形容词、名词和数量词。比如：

（97）上海小姐和狐臭小姐**无聊是无聊**，但也捐了几百元钱。七凑八凑，总共三四万块钱。（CCL 语料库，1997 年《作家文摘》）

(98) 但是**批评是批评**，支队长还是把他的情况向党委作了汇报，经过广泛征求意见、考察、考核，最后决定这位航海长还是不能提升。事后，韩林枝还反复向干部科交代："在干部使用上一切按党的规矩办。"（CCL 语料库，1995 年《人民日报》）

(99) 第一型，高级而有趣。这种朋友**理想是理想**，只是可遇而不可求。世界上高级的人很多，有趣的人也很多，又高级又有趣的人却少之又少。（CCL 语料库，1997 年《作家文摘》）

(100) 在家里虽说不上威风八面，一言九鼎，可一镇之长毕竟**一句是一句**，可到了外边，区区一镇之长，人微言轻，干的又大多是讨贷借钱的事情，就难有镇长的底气和威严。（CCL 语料库，1994 年《人民日报》）

当第一个 P 是单音节而第二个 P 是双音节时，P 主要是由动词充当。比如：

(101) "哭什么呢？我不是回来了？""**回是回来了**，可是以后怎么办呢？""还能饿死不成？"（CCL 语料库，1995 年《作家文摘》）

(102) 毛仙梅仿如周身不舒服似地说："住在这个地方，**热是热闹**，就是听不到猪叫鸡叫，心里不踏实，还是早点回去好些。"（CCL 语料库，1996 年《作家文摘》）

(103) 他**答是答应了**，只是现在没时间去办。（CCL 语料库，CWACALL0048）

三、总结

本节从 CCL 语料库中收集了包含"P 是 P"结构的例句，并通过定量分析方法探讨了"P 是 P"的类型和 P 的特点。关于"P 是 P"的类型，主要从有无转折词、"P 是 P"与转折句之间有无其他句子、第

二个 P 之后是否有后续元素这三个角度进行了分类。关于 P 的特点，主要对 P 的词性和 P 的音节这两个方面进行了考察。第一，P 的词性。在 "P 是 P" 中，P 可以由形容词、动词、名词等词充当，其中形容词所占的比例最大。第二，P 的音节。通过调查，可知存在以下三种情况：第一个 P 和第二个 P 都是单音节、第一个 P 和第二个 P 都是双音节、第一个 P 是单音节而第二个 P 是双音节。但是，并没有发现第一个 P 是双音节而第二个 P 是单音节的例句。

第二节　基于语料库的 "P には P" 和 "P ことは P" 的句法特点

在日语中，也存在着与汉语 "P 是 P" 结构对应的 "P には P" 和 "P ことは P" 结构。比如：

（104）ツアー参加資格を**得るには得た**が、賞金をまったく稼げず、挫折に次ぐ挫折のむなしい二年間を過ごした。（获得是获得了巡回赛的参赛资格，但未能赢得任何奖金，在一次又一次的挫折中度过了令人沮丧的两年。）[BCCWJ 语料库，アンドリュー・ウッド（著）/ブライアン・トレーシー（著）/上野元美（訳）2002『ビジネスに生かすゴルフ戦術論』]

（105）**疲れたことは疲れましたが**、あこがれていた高い山を征服して、最高に楽しい一日だったと思っています。（累是累，但我觉得这一天过得非常愉快，征服了我向往已久的高山。）[BCCWJ 语料库，井澤宣子（著）1996『日本語教師が見た中国』]

这两种结构往往隐含有转折的语义。① 如例（104）和（105），当这

---

① 本书只对 "V 是 V" 结构单个出现时的例句进行研究。像 "喝是喝，吃是吃" 这种 "V 是 V" 成对出现的例句，并不在本书的研究范围。

两个结构的后面所接的句子表示转折的语义时，整个句子可以成立；当这两个结构之后所跟的句子表示顺接的语义时，句子就无法成立。比如：

（106）＊ツアー参加資格を**得るには得た**。賞金もたくさん稼げた。（获得是获得了巡回赛的参赛资格。也得到了很多奖金。）

（107）＊**疲れたことは疲れましたが**、つらかったと思います。（＃累是很累，但是很痛苦。）

下面将从 BCCWJ 语料库中收集包含 "P には P" 结构和 "P ことは P" 结构的例句，并通过定量分析方法探讨这两个结构中的转折词和 P 的特点。

一、转折词的位置

通过检索 BCCWJ 语料库，笔者共收集到 129 例包含 "P には P" 结构的句子和 128 例包含 "P ことは P" 结构的句子。可以发现转折词与 "P には P"／"P ことは P" 的位置关系有六大类：转折词在 "P には P"／"P ことは P" 之后、转折词在 "P には P"／"P ことは P" 的后句句首、转折词在 "P には P"／"P ことは P" 的前句句末、转折词在 "P には P"／"P ことは P" 所在句的句首、转折词在 "P には P"／"P ことは P" 所在句的句末和其后句的句首、其他类型。

表 2—10 转折词与 "P には P" 的位置关系

	例句数量（例）	占比（％）
转折词在 "P には P" 之后	110	85.3
转折词在 "P には P" 的后句句首	12	9.3
转折词在 "P には P" 的前句句末	4	3.1
转折词在 "P には P" 所在句的句首	1	0.8
转折词在 "P には P" 所在句的句末和其后句的句首	1	0.8
其他类型	1	0.8

表 2-11　转折词与 "P ことは P" 的位置关系

	例句数量（例）	占比（%）
转折词在 "P ことは P" 之后	95	74.2
转折词在 "P ことは P" 的后句句首	14	10.9
转折词在 "P ことは P" 的前句句末	13	10.2
转折词在 "P ことは P" 所在句的句首	4	3.1
转折词在 "P ことは P" 所在句的句末和其后句的句首	1	0.8
其他类型	1	0.8

在例（108）和例（109）中，转折词 "が" 和 "けど" 分别位于 "P には P" 结构和 "P ことは P" 结构的后面，明确表示这两种结构与后面的句子是一种转折关系。

（108）こんなわけで、江戸神保町の極楽座、建つには建ったんです**が**、記録にはのこっておりません。（因为这个原因，江户神保町的极乐座建是建了，但没有相关记录。）（BCCWJ 语料库，早坂暁 1986『天下御免』）

（109）面白い話もできない、何やらせてもそつはないけど器用貧乏で、中途半端。趣味も**あることはあるけど**そこまで深くないから人に語れるほどでもない。（我不会讲有趣的故事，我做什么都很好，但我很穷，而且容易半途而废。我有一些爱好，但并不深入，所以也谈不上。）（BCCWJ 语料库，Yahoo! 知恵袋 2005）

不过，即使转折词不存在，句子也可以成立，"P には P" 结构和 "P ことは P" 结构与后面的句子之间的转折关系也是存在的。比如：

（110）こんなわけで、江戸神保町の極楽座、建つには建ったんです。記録にはのこっておりません。（因为这个原因，江户神保町的极乐座建造是建造了，但没有相关记录。）

(111) 面白い話もできない、何やらせてもそつはないけど器用貧乏で、中途半端。趣味も<u>あることはある</u>。そこまで深くないから人に語れるほどでもない。（我不会讲有趣的故事，我做什么都很好，但我很穷，而且容易半途而废。我有一些爱好，但并不深入，所以也谈不上。）（BCCWJ 语料库，Yahoo! 知恵袋 2005）

在例（112）和例（113）中，转折词"しかし"和"だけど"位于"P には P"的后句句首，明确表示"P には P"和后句是一种转折关系。比如：

(112)「<u>載るには載りました。</u>」**けど**大東が言うには、記事を読んだ編集長が、もう少し切り口に鋭さがほしい。（"登是登了"。但大东说，主编读了这篇文章后，希望剪裁得再尖锐一些。）（BCCWJ 语料库，谷川涼太郎 2004『京都・尾道れんが坂の殺人』）

(113) じっちゃんばっちゃんの野良仕事の手伝いをして、飯食って寝る。たしかに<u>平和なことは平和だよ</u>。**だけど**世の中にはイラクに行く自衛隊員だっているんだ。（我帮爷爷奶奶干田里的活，然后吃饭睡觉。和平确实是和平。但是，这个世界上甚至还有自卫队人员前往伊拉克。）（BCCWJ 语料库，山崎マキコ 2005『東京 19 歳の物語：もうひとりの自分が、ここにいる。』）

在例（114）、例（115）中，转折词"けど"和"が"分别位于"P には P"和"P ことは P"的前句句末，表示"P には P"和"P ことは P"与前句是转折关系。

(114) ユリエは、どうぞ、あまり高級品でもない**けど**、<u>あるにはあるわ</u>、好きな物を勝手にどうぞと、いくらか突き

放した言い方をし、それ以上の親切は煩わしくなるからと、母の寝室から蒲団を持ち出して、テラスの手摺に乾した。(尤莉有些不屑地说:"请吧，虽然不是高级品，但有是有的，你可以拿走你喜欢的东西。"然后，因为再客气下去就太麻烦了，她从母亲的卧室里拿了一个被褥，晾在露台的栏杆上。)(BCCWJ 语料库，阿久悠 1995『恋歌ふたたび』)

（115）メニューが一週間ごとの繰り返しというのが玉にキズではある**が**、<u>旨いことは旨い</u>。たしかにセロネラのロッジとは比べものにならない。(菜单每周都会重复，但食物还是不错的。当然，与塞罗内拉的小旅馆相比，这里的菜肴就差得远了。)(BCCWJ 语料库，岩合日出子 1990『アフリカポレポレ』)

如果将前句置于"P には P"和"P ことは P"之后，句子也是可以成立的。比如:

（116）<u>あるにはある**けど**</u>、あまり高級品でもない。(有是有的，但是不是什么高级品。)

（117）<u>旨いことは旨い**が**</u>、メニューが一週間ごとの繰り返しというのが玉にキズではある。たしかにセロネラのロッジとは比べものにならない。(食物不错是不错，但是菜谱每周都会重复。当然，与塞罗内拉的小旅馆相比，这里的菜肴就差得远了。)

在例（118）和例（119）中，转折词"しかし"和"とはいっても"位于"あるにはある"和"(いる) ことは (いる)"所在句子的句首，表示"あるにはある"与前句是转折关系。

（118）歩いている人間の表情もヒシメキ合う車も埃っぽい空気も、何もかも変りがない。**しかし**ごくタマにはやっぱ

り東京でないと出会わないなと思うような出来事もあるにはある。(路人脸上的表情，川流不息的汽车，尘土飞扬的空气，一切都没有改变。不过，有些罕见的事件，如果您不在东京，是不会遇到的。)(BCCWJ 语料库，藤枝静男 1996『今ここ』)

(119) ベースボールを習いたくとも、あるいはボールパークへ連れていってほしくとも、その役を務める人が、いまではすっかり少なくなったということだ。**とはいっても**、いまも子供をベースボールに連れていく親も**(いる)ことは(いる)**。(事实上，想学打棒球或带孩子去棒球场的人越来越少了。不过，还是有家长会带孩子去球场。)(BCCWJ 语料库，佐山和夫 2003『松井秀喜の「大リーグ革命」』)

另外，"PにはP"/"PことはP"所在句的句末和其后句的句首还可以同时出现转折词，这会加强"PことはP"与其后句子之间的转折语义。比如：

(120) もちろん、現代のクラシック音楽というものも**あるにはあるが**…。**しかしながら**、ほとんどの人々にとって、それ(現代のクラシック音楽)は非常に耳ざわりであり、私自身、それを職業としている人以外に愛聴しているという人には会ったことがない。[当然，当代古典音乐是存在的。……然而，对大多数人来说，它(当代古典音乐)是非常刺耳的，除了那些以听古典音乐为职业的人之外，我自己从未见过喜欢听古典音乐的人。](BCCWJ 语料库，北海道新闻社 2001『北海道新聞』)

(121) この不況でむろんどの企業も広告宣伝の経費をいよいよ切り詰めて渋くなっていることは(いる)ことは(いる)**けれど**、**それでも**何とかかんとかやっていけたはずなのだ。(在当前经济不景气的情况下，所有公司都不愿意削减广告费用，但它们应该还是能想方设法渡过难关的。)(BCCWJ

· 109 ·

语料库，松浦寿輝 2005『花腐し』）

除了上述几种类型，在包含"Pには P"结构的句子中，转折词还可以位于补充句的句首。比如：

(122) 勝つには勝った。3連敗を阻止し、首位近鉄とのゲーム差を1.5に縮めた。だが勝利の余韻どころか後味の悪さばかりが残った。（胜利是胜利了。阻止了三连败，将与榜首近铁的差距缩小到了1.5场。然而，胜利的喜悦并没有萦绕在心头，剩下的只有糟糕的余味。）［BCCWJ 语料库，ジョージ・マーティン（著）/一色真由美（訳）/吉成伸幸（訳）2002『ビートルズ・サウンドを創った男』］

例(122)中，"勝つには勝った"之后是"3連敗を阻止し、首位近鉄とのゲーム差を1.5に縮めた"（阻止了三连败，将与榜首近铁的差距缩小到了1.5场）。该句是对"勝った"这件事的补充说明。尽管转折词"だが"位于补充句的后句的句首，但是"勝つには勝った"与"勝利の余韻どころか後味の悪さばかりが残った"（胜利的喜悦并没有萦绕在心头，剩下的只有糟糕的余味）之间依然含有转折语义关系。

在包含"Pことは P"结构的句子中，表示转折关系的"Pことは P"句子也可以没有转折词。比如：

(123)「で、きみのサロン出品作は？ もう出したのか？」「まあ、(出す)ことは(出した)。なにしろ、まわりの連中がうるさくてな。一週間というもの、朝から晩まで訪問客の行列で、立ちんぼうだった。…」（"那么，你的沙龙作品呢？提交了吗？""我已经提交了。我是提交了，但周围的人都很吵。整整一个星期，我从早到晚都站在来访者的队伍中。……"）［BCCWJ 语料库，エミール・ゾラ（著）/清水正和（訳）1999『制作』］

不过，即使加上转折词，句子也可以成立。比如：

(124)「で、きみのサロン出品作は？もう出したのか？」「まあ、（出す）ことは（出した）。**しかし**、なにしろ、まわりの連中がうるさくてな。一週間というもの、朝から晩まで訪問客の行列で、立ちんぼうだった。…」("那么，你的沙龙作品呢？提交了吗？""我已经提交了。我是提交了，但周围的人都很吵。整整一个星期，我从早到晚都站在来访者的队伍中。……")

二、转折词的种类

在"PにはP"和"PことはP"中，转折词可以分为单个句末转折词、单个句首转折词、句末转折词和句首转折词的混合三种形式（见表2—12）。

表2—12 转折词的种类

	"PにはP"		"PことはP"	
	例句数量（例）	占比（%）	例句数量（例）	占比（%）
单个句末转折词	117	90.7%	107	83.7%
单个句首转折词	11	8.5%	18	14.7%
句末转折词和句首转折词的混合	1	0.8%	2	1.6%

首先，关于单个句末转折词，在包含"PにはP"结构的例句中，单个句末转折词共有7种类型，分别是が、けど、でも、けれども、ても、ものの、とはいえ（见表2—13）。

表2—13 "PにはP"句中单个句末转折词的类型

	数量（例）	占比（%）
が	90	76.9

续表2-13

	数量（例）	占比（%）
けど	16	13.7
でも	6	5.1
けれども	2	1.7
ても	2	1.7
ものの	2	1.7
とはいえ	1	0.9

在"PことはP"句子中，可以出现的单个句末转词共有5种，分别是が、けど、けれども、ても、けども（见表2-14）。

表2-14 "PことはP"句中单个句末转折词的类型

	例句数量（例）	占比（%）
が	71	66.4
けど	20	18.7
けれども	7	6.5
ても	7	6.5
けども	2	1.9

其次，关于单个句首转折词，在"PにはP"句子中，只有だが和しかし两个类型（见表2-15）。

表2-15 单个句首转折词的种类

	例句数量（例）	占比（%）
だが	6	54.5
しかし	5	45.5

而在"PことはP"句子中，可以出现的单个句首转折词共有8种，分别是しかし、でも、ただし、だが、だけど、ただ、ところが、とはいっても（见表2-16）。

表 2-16　単个句首转折词

	例句数量（例）	占比（%）
しかし	8	44.4
でも	3	16.7
だが	2	11.1
ただし	1	5.6
だけど	1	5.6
ただ	1	5.6
ところが	1	5.6
とはいっても	1	5.6

最后，句末转折词和句首转折词混合的例句比较少。例（125）中，句末转折词"が"和句首转折词"しかしながら"共同出现，加强了转折的语义。

（125）もちろん、現代のクラシック音楽というも**のもあるにはあるが…。しかしながら**、ほとんどの人々にとって、それ（現代のクラシック音楽）は非常に耳ざわりであり、私自身、それを職業としている人以外に愛聴しているという人には会ったことがない。［当然，现代古典音乐是存在的……不过，对大多数人来说，它（现代古典音乐）是非常刺耳的，除了那些以听现代古典音乐为职业的人，我自己从未见过喜欢听现代古典音乐的人。］［BCCWJ 语料库，ジョージ・マーティン（著）/一色　真由美（訳）/吉成伸幸（訳）2002 ビートルズ・サウンドを創った男］

（126）この不況でむろんどの企業も広告宣伝の経費をいよいよ切り詰めて渋くなっていることは**いることはいるけれど、それでも**何とかかんとかやっていけたはずなのだ。（在当前经济不景气的情况下，所有公司都不愿意削减广告费用，但它们应该还是能想方设法渡过难关的。）（BCCWJ 语料库，松浦寿輝 2005『花腐し』）

例（127）也是一样，转折词"けど"和"でも"同时出现，与例（128）和例（129）相比，转折语义更加强。

（127）**暗いことは暗い**のだ<u>けど</u>、<u>でも</u>、ほんとうの暗さじゃないんだ。（黑暗是黑暗，但并不是真正的黑暗。）[BCCWJ 语料库，マイケル・ドリス（著）/灰谷健次郎（訳）1994『朝の少女』]

（128）**暗いことは暗い**のだ<u>けど</u>、ほんとうの暗さじゃないんだ。（黑暗是黑暗，但并不是真正的黑暗。）

（129）**暗いことは暗い**のだ。<u>でも</u>、ほんとうの暗さじゃないんだ。（黑暗是黑暗，但并不是真正的黑暗。）

三、P 的类型

在收集到的"PにはP"例句中，P 主要由动词、形容词和名词充当。P 由动词充当的例句有 123 例，占 95.3%；形容词和名词充当 P 的例句很少，分别只有 5 例和 1 例（见表 2—17）。

表 2—17 "PにはP"句子中 P 的类型

	例句数量（例）	占比（%）
P 是动词	123	95.3
P 是形容词	5	3.9
P 是名词	1	0.8

而在"PことはP"句子中，P 主要由动词和形容词这两种类型充当。其中，由动词充当 P 的例句共 103 例，占总数的 80.5%；由形容词充当 P 的例句共 25 例，占 9.5%（见表 2—18）。

表2-18 "Pことは P" P的词性

	例句数量（例）	占比（%）
P是动词	103	80.5
P是形容词	25	19.5

当P由动词充当时，第一个V和第二个V的组合形式包括"第一个V是原形，第二个V是原形""第一个V是原形，第二个V是た形""第一个V是た形，第二个V是た形""第一个V是原形，第二个V是て形"四种情况（见表2-19）。

表2-19 第一个V和第二个V的组合形式

	"Pには P"结构		"Pことは P"结构	
	例句数量（例）	占比（%）	例句数量（例）	占比（%）
第一个V是原形，第二个V是原形	81	65.9	74	71.8
第一个V是原形，第二个V是た形	31	28.5	15	14.6
第一个V是た形，第二个V是た形	9	7.3	9	8.7
第一个V是原形，第二个V是て形	2	1.6	5	4.9

当P由形容词充当时，收集到的"Pには P"句子总共只有5例，这些形容词主要包括"暑い、いい、悲しい、優しい"这四种类型（见表2-20）。而在"Pことは P"句子中，P由形容词充当的例句为27例。

表2-20 "Pには P"句子中形容词的类型

	例句数量（例）	占比（%）
暑い	2	40
いい	1	20
悲しい	1	20
優しい	1	20

四、总结

本节从BCCWJ语料库中收集了包含"Pには P"结构和"Pこと

は P"结构的例句，并通过定量分析方法探讨这两种句型中的转折词和 P 的特点，结果发现：

首先，转折词与 "P には P" / "P ことは P" 的位置关系有六大类：转折词在 "P には P" / "P ことは P" 之后、转折词在 "P には P" / "P ことは P" 的后句句首、转折词在 "P には P" / "P ことは P" 的前句句末、转折词在 "P には P" / "P ことは P" 所在句的句首、转折词在 "P には P" / "P ことは P" 所在句的句末和其后句的句首、其他类型。

其次，在 "P には P" 和 "P ことは P" 中，转折词可以分为单个句末转折词、单个句首转折词、句末转折词和句首转折词的混合三种形式。

最后，在收集到的 "P には P" 例句中，P 主要由动词、形容词和名词充当。而在 "P ことは P" 句子中，P 主要由动词和形容词充当。

第三节 "P 是 P" 和 "P ことは P" 的句法语义对比

在日语中，存在着像例（130）～例（132）这样的 "P ことは P" 结构。

(130)「一応**医者であることは医者**なのですが、牛や馬を診察するのが専門でしたね。（医生确实是医生，但是专门是给牛或者马看病的。）(野吕, 2016)

(131) 感情的ではあるが体育会系の父は素直なところを見せれば機嫌を直す。**怖いことは怖い**が、扱いやすい人でもあった。（我的父亲是个情绪化的人，但也是个运动健将，如果他显露出真诚的一面的话，他心情会变好。虽然他很可怕，但也是一个容易相处的人。）(野吕, 2016)

(132) 動物も人間同様に**眠ることは眠る**ようですが、かなりその生活状況に適応する形になっています。（动物和人类一样，似乎睡觉也会睡觉，但睡觉的方式却非常适合它们的

生活条件。)(野吕，2016)

其实，汉语中也有与其类似的结构。在下面的例句中，"是"的前后出现了重复的同一个要素，本书将这样的结构称为"P 是 P"结构。

(133) 辣椒是辣椒，不过一点都不辣。
(134) 漂亮是漂亮，但是性格不太好。
(135) 吃是吃了，不过没吃饱。

关于日语"P ことは P"结构，服部（1988）、フィルモア（1989），Okamoto（1990），冈本、氏原（2008），野吕（2016）等主要从语义特点和句法特点两个方面进行了研究。关于汉语"P 是 P"结构的研究不太多，Cheng 和 Vicente（2013），星英、胡亚敏（2016）主要对 P 是动词的"P 是 P"结构展开了研究。Cheng 和 Vicente 认为"V 是 V"属于分裂句的下位分类，前面的动词表示话题，后面的动词表示焦点。但是，就前面的动词为什么是话题，Cheng 和 Vicente 并未进行论述。星英、胡亚敏考察了"V 是 V"结构中动词重复的句法机制。

本节首先在介绍日语"P ことは P"结构语义特点的基础上，考察汉语"P ことは P"结构的语义特点。其次引入与日语"P ことは P"结构的句法特点有关的研究成果，对其展开探讨。

一、"P ことは P"结构的语义特点

（一）"P ことは P"

关于"P ことは P"结构的语义特点，首先冈本、氏原（2008）认为在该句中 P 是一个事实，而 Y 是针对 P 的条件、意见或感想。不过，针对 P 的条件、意见或者感想不一定都可以出现在 Y 的位置，即未必可以跟在"P ことは P"结构的后面。如例（136），无论是"運転技術は上達している"（骑车技术提高），还是"運転技術は上達しない"（骑车技术没有提高），都是对 P 作出的评价。不过，当 Y 是"運転技

術は上達している"（骑车技术提高）时句子不能成立，与此相对，当Y是"運転技術は上達しない"（骑车技术没有提高）时，句子可以成立。

(136) a. ＊［X 田中は自動車に乗ることは乗るが］，［Y 運転技術は上達している］。

b. ［X 田中は自動車に乗ることは乗るが］，［Y 運転技術は上達しない］。（田中开车是开车了，但是驾驶技术没有上升。）

此外，野吕（2016：253）认为，例（130）～例（132）表示"いずれもPである（Pカテゴリーに所属する）ことを認めたうえで、典型的な事例ではないことを述べる表現である"［在承认都是P（属于P范畴）的基础上，表达非典型的事情］。比如，例（131）的语义可以理解为"'怖い'ことを認めたうえで、単に'怖い'だけではないという含意があり、後続の'扱いやすい人'で具体的に述べられている"（在承认"害怕"的基础上，还包含了不仅仅是害怕这个意思，通过后面的"容易相处的人"进行了具体的论述）；例（132）的语义可以理解为"'眠ることは眠る'の後に、『かなりその生活状況に適応する形になっています』とあり、動物の眠りがわれわれ人間が考える典型的な眠りとは異なることが明示されている"（"睡觉就是睡觉"之后是《相当适应它的生活环境》，明确指出动物的睡眠不同于我们人类认为的典型睡眠）。

实际上，野吕所提到的"典型的な事例"（典型的事例）具体可以解释为"Pという要素から話し手が一般的に期待・想定すること"（说话者从P这个要素中一般可以期待或者想象的事情）。因此，"典型的な事例ではない"（非典型的事例）具体可以解释为偏离说话者的期待和想象的事情或者与说话者的期待和想象背离的事情。比如，在例（131）中，说话者从"P＝怖い"这个要素中可以想象这个被称为"怖い"（恐怖）的人是一个难弄的或不好相处的人。但是，例（131）的Y

中所出现的是"扱いやすい人"（容易相处的人）这个表达，这偏离了说话者的期待或者想象。

基于野吕的研究，笔者认为日语的"Pことは P"结构所表示的语义为：在承认 P 这个事情的基础上，背离了由 P 所产生的说话者的期待或想象。

（二）"P 是 P"

和日语的"Pことは P"一样，汉语的"P 是 P"在承认"P"的基础上，还表示偏离或者违反说话者一般会对 P 产生的期待和想象。

首先，在汉语的"P 是 P"中，Y 中的主句所表示的语义如果与说话者对 P 的想象一致或者无关的话，句子不能成立；而当 Y 中的主句所表示的语义与说话者对 P 的想象矛盾的话，句子可以成立。

(137) a. 一致的情况

＊张三吃是吃了，[$_Y$现在肚子很饱]。

b. 相互矛盾的情况

张三吃是吃了，[$_Y$现在肚子仍旧很饿]。

c. 无关的情况

张三吃是吃了，[$_Y$现在去学校了]。

与 P 重复的情况相反，当 P 没有重复时，后续的句子所表示的语义无论与说话者对 P 的想象矛盾与否，句子都可以成立。

(138) 没有重复的句子

a. 一致的情况

张三吃了，[现在肚子很饱]。

b. 相互矛盾的情况

张三吃了，[现在肚子仍旧很饿]。

c. 与说话者对 P 的想象无关的情况

张三吃了，[现在去学校了]。

(139) 没有重复的句子

a. 一致的情况

张三是吃了，[现在肚子很饱]。

b. 相互矛盾的情况

张三是吃了，[现在肚子仍旧很饿]。

c. 与说话者对 P 的想象无关的情况

张三是吃了，[现在去学校了]。

因此，动词重复的"P 是 P"只能表示说话者对 P 的想象相矛盾的语义，即违反或者偏离说话者对 P 的想象。这是"P 是 P"所具有的特殊的语义。

二、句法特点

（一）"P ことは P"的句法特点

关于"P ことは P"，如例（130）、例（131）和例（132）那样，P 处不仅可以出现动词，也可以出现名词和形容词，因此，日语的"P ことは P"并不是惯用句。

不过，日语的"P ことは P"具有紧凑的句法结构。首先，服部（1988）、Okamoto（1990）、野吕（2016）认为，"P ことは P"与"～ことは～"的结构是不同的[①]，比如：

（140）あの手紙を書いたことは認める。（写了那封信是承认的。）（Okamoto，1990）

（141）太郎があの手紙を書いたことは確かだ。（太郎写了那封信是确实的。）（Okamoto，1990）

（142）僕はそこへ行ったことは行った。（太郎去是去了那里。）（Okamoto，1990）

服部（1988）提出例（143）的"その薬を飲むこと"（喝了那个

---

① 本书将 P 没有重复的"～ことは～"称为"～ことは～"结构。

药）可以说成名词句"(その薬の) 飲用"（那个药的服用），但是例(144) 的"Pことは P"中所包含的"薬を飲むこと"不可以说成名词句"飲用"（服用）。

(143)「～ことは～」
a. その薬を飲むことはやめてみたが、症状は治らなかった（我试图停止服用这种药物，但它并没有治愈我的症状。）(服部，1988)
b. (その薬の) 飲用はやめてみたが、症状は治らなかっ。（我试图停止服用这种药物，但它并没有治愈我的症状た。）

(144) "Pことは P"
a. 薬を飲むことは飲んでみたが、症状は治らなかった。（我试图服用药物，但它并没有治愈我的症状た。）(服部，1988)
b. *飲用は飲んでみたが、症状は治らなかった

其次，"Pことは P"中不能插入其他词句。如例（145）和例（146），"Pことは P"中不能插入表示样态、时间和场所的副词。

(145) *雨が降ったことは昨日降った。(野呂，2016)
(146)? 行ったことは汽車で行った。(服部，1988)

最后，"Pことは"和"P"如果互换位置的话，句子将无法成立。比如：

(147) *私の父は怖い、怖いことは。(野呂，2016)
(148) *昨日雨が降った、降ったことは。(野呂，2016)

由此可见，日语的"Pことは P"具有相对紧凑的句法结构。

（二）"P 是 P" 的句法特点

关于汉语的"P 是 P"，因为其与日语的"P ことは P"一样，具有高产性，所以不是惯用句。如例（130）、例（131）和例（132），P 处位置可以出现的不仅仅是动词，也可以出现名词和形容词。如果是动词的话，不仅仅是动作动词，也可以是状态动词和心理动词。比如：

(149) a. 在是在家，家务什么都不做。
b. 想是想去，但是还没有实行。

例（149a）中的"在"是状态动词，例（149b）中的"想"是心理动词。

而且，如例（150）所示，表示意志的"会"、表示使役的"让"、表示被动的"被"等助动词都可以作为 P 出现在"P 是 P"结构中。

(150) a. 会是会唱，但是唱得不好听。
b. 让是让他吃，但是不能让他吃得多。
c. 被是被他打了，一点儿也不觉得疼。

与 Cheng、Vicente（2013）一样，笔者也认为"P 是 P"是话题句，前面的 P 是话题。

第一，在例（151）的话题句中，话题和谓语的语序无法互换。例（152）也一样，前面的 P 与其后面的"是 P"无法交换顺序。

(151) 普通的话题句
a. ［Topic 水果］［Predicate 我吃了苹果］。
b. ＊［Predicate 我吃了苹果］，［Topic 水果］。
(152) "P 是 P"
a. ［Topic 好］［Predicate 是好］，但是价钱太贵。
b. ＊［Predicate 是好］，［Topic 好］，但是价钱太贵。

第二，在例（153）的话题中，动词之后不能跟体词。在例（154）的"P是P"中，前面的P也无法与体词共现。

（153）普通话题句

a. ［Topic 做菜］，我炒了青椒肉丝。

b. ［Topic 做了菜］，我炒了青椒肉丝。

c. ［Topic 做了菜］，我炒青椒肉丝。

（154）"P是P"

a. ［Topic 吃］是吃过，味道不太好。

b. ＊［Topic 吃过］是吃，味道不太好。

第三，在例（155）的话题中，动词无法与副词短语共现。同样，在例（156）的"P是P"中，前面的P也无法与副词短语一起出现。

（155）普通话题句

a. ［Topic 吃这个蛋糕］，张三吃得很快。

b. ＊［Topic 吃得很快］，张三吃这个蛋糕。

（156）"P是P"

a. ［Topic 跑是跑得很快］，可是没有得一等奖。

b. ＊［Topic 跑得很快］，是跑，可是没有得一等奖。

第四，无论是例（157）的话题句还是例（158）的"P是P"，任何一个话题后面都可以跟"呀""么""啊"这样的表示话题的要素。

（157）普通话题句

a. ［Topic 水果］我吃了苹果。

b. ［Topic 水果啊］我吃了苹果。

（158）"P是P"

a. ［Topic 亲戚］是亲戚，可是原则不能不讲。

b. ［Topic 亲戚啊］是亲戚，可是原则不能不讲。

因此，汉语"P是P"是话题句。另外，因为可以插入主语和副词等，所以可以说汉语的"P是P"的句法结构不太紧凑。

(159) 东西好是一定好，但是价钱太贵。
(160) 吵，他们俩是经常吵，但是从来不打人。
(161) 亲戚确实是亲戚，可是原则不能不讲。

三、总结

本节通过与日语"Pことは P"的对比，揭示了汉语"P是P"的语义特点和句法特点。"P是P"首先在语义上和"Pことは P"一样，表示的语义是"Pであることを認めた上で、Pから話し手が一般的に期待・想定することに違反している"（在承认是P的基础上，偏离或者违反说话者对P的期待和想象）。另外，在句法上，句法结构是否紧凑，与"Pことは P"是不一样的。"Pことは P"的句法结构比较紧凑，而"P是P"的句法结构比较松散。

第四节 "V是V"和"Vには V"的句法语义特点

在汉语中，存在着同一个动词重复出现在"是"字前后的结构，笔者将这样的结构称为"V是V"结构。比如：

(162) a. "对这些人的话要仔细听。他不是说一定想办法吗？他可以想出办法来，也可以说<u>想是想了</u>，还是没办法。"（CCL语料库，周而复《上海的早晨》）
   b. 处长老方是听处里曹干事描述的这类情况，<u>听是听了</u>，他并不全信。（CCL语料库，1996年《作家文摘》）

其实，在日语中，也存在着与汉语"V是V"结构对应的"Vには

V"结构。比如：

(163) a. まあ、今日の試合は負けるには負けたが、あまりみっともない負け方ではなかった。（今天的比赛输是输了，但是并没有输得很难看。）（野吕，2016）

b. 山田さんと会うには会ったが、ほとんど話ができなかった。（和山田见是见了，但是基本上没能说上话。）（野吕，2016）

这两种结构往往隐含有转折的语义。[①] 如例（162a）和例（162b），当这两个结构的后面所接的句子表示转折的语义时，整个句子可以成立；当这两个结构之后所跟的句子表示顺接的语义时，句子就无法成立。比如：

(164) a. *他可以想出办法来，也可以说想是想了，［想出了一个好办法］。

b. *处长老方是听处里曹干事描述的这类情况，听是听了，［他全信了］。

(165) a. *まあ、今日の試合は負けるには負けたが、［みっともない負け方だった］。

b. *山田さんと会うには会ったが、［よく話ができた］。

关于汉语"V是V"结构，学者们进行了广泛的研究。在语义上，普遍认为"V是V"结构后面往往需要接表示转折语义的句子（敬笑迎，2017）。在句法上，学者们主要对"是"的性质（葛萌，2020）、"V是V"的句法功能（陈丛耘、孙汝建，2018）、"V是V"与"V是V"的比较（张琰，2020）、"V是V"与后续语句的语义关系类型（范

[①] 本书只对"V是V"结构单个出现时的例句进行研究。像"喝是喝，吃是吃"这种"V是V"成对出现的例句，并不在本书的研究范围。

丽芳，2007）等进行了探讨。但是，关于 V 前副词或者 V 后体标记的共现情况受什么因素影响的研究还不足。

在日语中，关于"Vには V"结构的研究很少。服部（1988）在论述动词重复句型的时候，提到了"Vには V"这一结构，但是并没有对其做进一步的考察。野吕（2016）对"Vには V"结构的语义特点和句法特点进行了考察，认为该结构在语义上表达偏离预期或者偏离期待的语义，但是该研究针对这一点并没有给出客观的证据进行说明。另外，野吕（2016）认为"Vには V"结构在句法上已经形成了一个统一的整体，但是，就其背后的原因，该研究并没有进行深入的探讨。

因此，本节将通过对"V 是 V"结构和"Vには V"结构的对比研究，考察这两个结构在句法和语义上的异同点，探讨其背后的原因。

一、"V 是 V"和"Vには V"的句法和语义特点

首先，关于句法特点，无论是"V 是 V"结构，还是"Vには V"结构，第一个 V 都不可以与时体标记共现。比如：

(166) a. *"对这些人的话要仔细听。他不是说一定想办法吗？他可以想出办法来，也可以说想了是想，还是没办法。"

b. *考えたには考えるが、何も思い浮かばなかった。

不过，在"V 是 V"结构中，第二个 V 之前可以插入副词等其他成分，而在"Vには V"结构中，第二个 V 之前一般不可以插入其他成分。

(167) a. "对这些人的话要仔细听。他不是说一定想办法吗？他可以想出办法来，也可以说想是好好地想了，还是没办法。"

b. *考えるには ちゃん と考えたが、何も思い浮かばなかった。

有些时候"V 是 V"结构的第一个 V 后面确实可以接体标记，比如"张三吃了是吃了""张三吃了午饭是吃了午饭""张三看过《红楼梦》是看过《红楼梦》"，但只限于"是"的前后成分对称的情况。当"是"的前后不对称时，像"张三吃午饭是吃了"和"张三看《红楼梦》是看过"这样第一个 V 后面没有体标记的句子是成立的，但是像"张三吃了午饭是吃了"和"张三看过《红楼梦》是看过"这样第一个 V 后面有体标记的句子是无法成立的。这里只对"是"前后成分不对称的"V 是 V"结构进行考察。

而关于语义特点，笔者认为"V 是 V"结构和"V には V"结构都蕴含有转折的语义，并且该转折意思并不是由"不过""但是""が""しかし"等转折词决定，而是由"V 是 V"和"V には V"的本身结构所决定的。只有当"V 是 V"结构和"V には V"结构都是一个完整的整体时，它们才隐含有转折的语义。

首先，转折语义与转折连接词没有关系。这一点可以通过以下两个方面验证。

第一，不管"V 是 V"结构和"V には V"结构后面有无转折词，这两种结构与后续句子之间都构成转折的语义关系。

(168) a. "对这些人的话要仔细听。他不是说一定想办法吗？他可以想出办法来，也可以说想是想了，[还是没办法]。"（CCL 语料库，周而复《上海的早晨》）

b. "对这些人的话要仔细听。他不是说一定想办法吗？他可以想出办法来，也可以说想是想了，但是，[还是没办法]。"

(169) a. みんなは思わず笑った。古藤も笑うには笑った。[その笑い声はすぐしずまってしまった]。（大家不禁笑

了。古藤也笑是笑了,但是她的笑声马上就停了。)(野吕,2016)

　　b. みんなは思わず笑った。古藤も笑うには笑った。しかし、[その笑い声はすぐしずまってしまった]。(大家不禁笑了。古藤也笑是笑了,但是她的笑声马上就停了。)

　　第二,即使没有转折词,"VにはV"和"V是V"结构的后面也无法出现表示顺接语义的句子。

　　(170) *他可以想出办法来,也可以说想是想了,[想出了一个好办法]。

　　(171) *みんなは思わず笑った。古藤も笑うには笑った,[その笑い声はずっと続けてた]。

　　其次,只有当"V是V"结构和"VにはV"结构分别是一个完整整体时,它们才含有转折的语义。完整的整体指两个相同的V分别位于"是"和"には"等前后的结构。①

　　第一,当它们不是完整的整体而只有一个V时,比如像"Vには"这样的结构无法表示转折的语义,在日语中"Vには"结构表示某种目的。比如:

　　(172) a. そこに行くには険しい山を越えなければならない。(去那里的话,必须翻越险峻的山。)(野吕,2016)
　　b. 北海道を旅行するには、1年のうちで、6月が一番いい季節です。(去北海道的话,一年中6月份是最好的季节。)(野吕,2016)

---

　　① 除了"是""には",当两个相同的V出现于"归"或者"ことは"前后两侧时,即构成"V归V"和"VことはV"结构时,句子也蕴含转折语义。

在汉语中像"是V"这样只有一个V的结构，只表示对"是"字后面的部分进行强调。如例（173），"是V"的后面尽管可以跟表示转折语义的句子，但其后面也可以接表示顺接语义的句子。也就是说，"是V"结构本身无法表示转折的语义。

(173) a. 汉子跨过凳子，三五步过来，亲热地拍着钱康的肩膀：不认识我了，白脸？我是三儿呵。啊，三儿。钱康认出汉子，你不是去新疆了？<u>是去了</u>，［架不住又回来了］。行呵，白脸，发了吧？这一身西装得几千人民币？不值什么，工作服。（CCL语料库，王朔《无人喝彩》）

b. 汉子跨过凳子，三五步过来，亲热地拍着钱康的肩膀：不认识我了，白脸？我是三儿呵。啊，三儿。钱康认出汉子，你不是去新疆了？<u>是去了</u>，［而且去了回来了］。行呵，白脸，发了吧？这一身西装得几千人民币？不值什么，工作服。

第二，在"V是V"结构和"VにはV"结构中，如果前后的两个V不一样时，也无法表示转折语义。如例（174）和（175），当前后的两个V不一样时，句子无法成立，而当前后的两个V一样时，句子可以成立，才能表达转折的语义。

(174) a. ＊当時は今より40キロも重い147キロあって、ゴルフは<u>する</u>には<u>やって</u>たんですが、体が回らず、球筋はナヨナヨしたスライスばかり。

b. ＊当時は今より40キロも重い147キロあって、ゴルフは<u>やる</u>には<u>した</u>んですが、体が回らず、球筋はナヨナヨしたスライスばかり。

c. 当時は今より40キロも重い147キロあって、ゴルフは<u>する</u>には<u>した</u>んですが、体が回らず、球筋はナヨナヨしたスライスばかり。（当时有147公斤，比现在重了40公斤，高

尔夫打是打过，但是身体转不动，球飞出去的轨迹只能是弯弯扭扭的。）

d. 当時は今より40キロも重い147キロあって、ゴルフはやるにはやってたんですが、体が回らず、球筋はナヨナヨしたスライスばかり。（当时有147公斤，比现在重了40公斤，高尔夫打是打过，但是身体转不动，球飞出去的轨迹只能是弯弯扭扭的。）　（BCCWJ 语料库，川野美佳『GOLF DIGEST』）

(175) a. *几天后，彭总拿来《阿Q正传》翻了翻："超伢子，书看完没有，里面讲的是什么意思？"起超怕挨批评，便硬着头皮答道："伯伯，读是看完了，就是看不懂。"

b. *几天后，彭总拿来《阿Q正传》翻了翻："超伢子，书看完没有，里面讲的是什么意思？"起超怕挨批评，便硬着头皮答道："伯伯，看是读完了，就是看不懂。"

c. 几天后，彭总拿来《阿Q正传》翻了翻："超伢子，书看完没有，里面讲的是什么意思？"起超怕挨批评，便硬着头皮答道："伯伯，读是读完了，就是看不懂。"

d. 几天后，彭总拿来《阿Q正传》翻了翻："超伢子，书看完没有，里面讲的是什么意思？"起超怕挨批评，便硬着头皮答道："伯伯，看是看完了，就是看不懂。"（CCL 语料库，1997年《作家文摘》）

第三，如例（176）、例（177）、例（178）、例（179），虽有动词重复，但并没有构成"V 是 V"结构和"V には V"结构这种完整的整体时，包含动词重复的结构与其后续的句子之间，既可以表示顺接的语义关系，也可以表示转折的语义关系。也就是说，该包含动词重复的结构并没有蕴含转折语义。

(176) a. 晚上，九点多钟，我看书看累了，到院子里散步，见办公室的灯还亮着　金梅单身，办公室就是他的宿

舍——我推门进去，和他闲聊一阵。（CCL语料库，1984年《读书》）

b. 晚上，九点多钟，我看书看累了，但还是咬咬牙继续看下去，一直看到了半夜12点。

(177) a. 他答："是。我写字有时一写写一夜，此时万籁俱寂，烦事皆抛，挥毫泼墨，别有意境。"（CCL语料库，1994年《报刊精选》）

b. 他答："是。我写字有时一写写一夜，但是第二天就发现浑身腰酸背痛，直不起腰来。"

(178) a. いまどうしているか様子がわからないから、手紙を出すだけ出して返事を待とう。（我也不知道他现在情况怎么样，反正先发封信，然后等他回信儿吧。）（野呂，2016）

b. いまどうしているか様子がわからないから、手紙を出すだけ出したが、まだ相手から何の返事ももらっていない。（我也不知道他现在情况怎么样，反正先发封信，但是从他那里还没有得到任何回信。）

(179) a. 週に一、二回のペースで、早苗は食べに食べ、すべてをぺろりと平らげた。（以每周一次或者两次的节奏，早苗吃很多，把所有的东西吃得一点都不剩。）（BCCWJ语料库，倉知淳『猫丸先輩の空論——超絶仮想事件簿』）

b. 週に一、二回のペースで、早苗は食べに食べているが、痩せていて、どんなお洋服でも着こなせる。（以每周一次或者两次的节奏，早苗虽然吃很多，但是很瘦，什么衣服都能穿。）

因此，包含"V是V"结构和"Vには V"结构的句子，其转折语义并不是由转折词决定的。只有当这两种结构分别是完整的整体时，它们才可以蕴含转折语义。本书主要主张"V是V"结构和"Vには V"结构都是话题结构，不过，本节将从另一个角度，即"语法化"的角度，对这两种结构的句法特点和语义特点进行分析。

二、语法化

（一）语法化的特征

语法化是指"the process whereby lexical items or phrases come through frequent use in certain highly constrained local contexts to be reanalysed as having syntactic and morphological functions, and, once grammaticalised, continue to develop new grammatical functions"（词项或者短语通过在某种特定语境中被不断使用，经过再分析，从而具有句法和形态的功能，然后并不断继续发展出新的语法功能的这一个过程）（Traugott, 1995: 32）。语法化过程需要经过"lexical item used in specific linguistic contexts＞syntax＞morphology"（在特定语言环境中使用的词项＞句法＞形态）（Hopper, 2003: 100）这几个阶段。

一个典型的语法化过程包括形态—句法、语用—语义、语音—音系三个过程（吴福祥，2003: 308）。

首先，在形态—句法方面，范畴特征逐渐减少是语法化的一个重要特点（吴福祥，2003: 308）。范畴特征即动词的句法范畴特征，具体包括时、体、情态、一致关系标记等。"当这个动词进入语法化过程之后，上述特征就会逐渐减少；而当这个动词完全语法化为一个形态标记时，上述的动词范畴特征则完全丧失。这个形态句法演变过程在语法化文献中通常被称为'非范畴化'。"（吴福祥，2003: 308）另外，随着语法化程度的不断增强，语言形式的结构会逐渐固定、缩小或者压缩。

其次，主观性逐渐增加是语法化在语用—语义方面的重要特点（吴福祥，2003: 308）。"主观性"（subjectivity）指"说话人在说出一段话的同时表明自己对这段话的立场、态度和感情，从而在话语中留下自我的印记"（沈家煊，2001: 268）。

最后，音系形式的逐渐减少或弱化是语音—音系上的特点（吴福祥，2003: 308）。

接下来将从上述几个方面对"V是V"结构和"VにはV"结构的语法化现象进行探讨。

(二)"V 是 V"结构和"V には V"结构的语法化表现

第一，因为"V 是 V"结构和"V には V"结构发生了语法化，第一个 V 已经发生了非范畴化现象，所以在例（180）中，当第二个 V 之后没有时体标记时，第一个 V 就无法与时体标记共现。

(180) a. *"对这些人的话要仔细听。他不是说一定想办法吗？他可以想出办法来，也可以说想 了 是想，还是没办法。"

b. *考え た には考えるが、何も思い浮かばなかった。

而一般情况下谓语动词都可以和时体标记共现。比如：

(181) a. 你一共去过多少国家？（CCL 语料库，张向东《创业者对话创业者》）

b. でもいずれにせよ、今ここでそんなことを考えたって何の役にも立たない。（但是，不管怎样，现在即使考虑这样的事情，也是没有意义的。）（BCCWJ 语料库，村上春樹『スプートニクの恋人』）

第二，因为"V 是 V"结构和"V には V"结构发生了语法化，所以这两个结构的内部语序不能颠倒，比较固定。

(182) a. *我听人说，痨病只要胃口好，还不要紧，像他那样子，馋得要命馋是 ，胃口一点都没有。

b. 我听人说，痨病只要胃口好，还不要紧，像他那样子，馋是馋得要命 ，胃口一点都没有。（CCL 语料库，高阳《红顶商人胡雪岩》）

(183) a. *女性会社員 F さん（35）は区役所で補助金

をもらおうとしたところ、出る、出るにはが、世帯主義名義の口座にしか振り込めないといわれ、愕然とした。

b. 女性会社員Fさん（35）は区役所で補助金をもらおうとしたところ、出るには出るが、世帯主義名義の口座にしか振り込めないといわれ、愕然とした。［女社员F（35岁）正要在区役所领取补助金的时候，被告知（补助金）发是会发，不过只能汇入户主的银行账户之后，很惊讶。］（野吕，2016）

第二，因为"V是V"结构和"Vには V"结构发生了语法化，所以只有当这两个结构分别是完整的整体时，它们才能隐含转折语义，也就是隐含了这一带有说话者个人主观感情的言外之意。而只有单个动词或者两个动词不一样时，没有这样的语义。

第四，因为"V是V"结构和"Vには V"结构发生了语法化，所以这两个结构的音系形式有时会减少。在"V是V"结构中，如果前一个V是双音节动词，音节有时会脱落。比如：

(184) a. 在炮火中又过了一年，想不到我会来到的地方，我会和妻的母亲再见了。如果这回和妻同来，我不知道对于这个雪发银头的老人，她将怎样惊异而发怔了。"妈，看我走过千山万水还是好好的，你喜欢么？""喜是喜欢，只是看见落了你一个人。"（CCL语料库，缪崇群《缀》）

b. 喜欢是喜欢，只是看见落了你一个人。

在"Vには V"结构中，如果V是"名词＋する"形式的さ变动词，那么在后一个さ变动词中，する前面的音节有时会减少。比如：

(185) a. いちおう説明するにはしたのですが、まだみんな十分に理解できていないようでした。（野吕，2016）

b. いちおう説明するには説明したのですが、まだみん

な十分に理解できていないようでした。

(三)"V是V"结构和"Vには V"结构的语法化程度

"Vには V"和"V是V"两种结构的语法化程度是不同的，"Vには V"的语法化程度高于"V是V"的语法化程度。所以，"V是V"的结构相对来说比较松散，而"Vには V"结构相对来说比较紧凑。

因此，"V是V"的结构内部可以插入各种类型的副词，而"Vには V"的结构内部不可以插入副词。比如：

(186) a. 处长老方是听处里曹干事描述的这类情况，听是 认真地 听了，他并不全信。

b. "对这些人的话要仔细听。他不是说一定想办法吗？他可以想出办法来，也可以说想是 好好地 想了，还是没办法。"

(187) a. *考えるには ちゃん と考えたが、何も思い浮かばなかった。（野吕，2016）

b. *眠るには よく 眠ったが疲れは取れなかった。（野吕，2016）

另外，正因为"V是V"的结构相对来说比较松散，其内部才可以插入主语和宾语。而"Vには V"的结构相对来说比较紧凑，其内部不可以插入主语和宾语。

(188) 老几跟邓指一同吃 饭 是吃过的，却从来没有一同排泄过。（严歌苓《陆犯焉识》）

(189) a. 波太太说，"听， 我 是听得见有一些人在高叫的，不过这些叫的人大都是些外面有钱妇女。……"

b. 波太太说，"听是听得见有一些人在高叫的，不过这些叫的人大都是些外面有钱妇女。……"（CCL 语料库，饶述《查泰莱夫人的情人》）

(190) a. *鍛えるには 体を 鍛えたが、あまり力がでなかった。

b. *体を鍛えるには 私が 鍛えたが、あまり力がでなかった。

c. 体を 鍛えるには鍛えたが、あまり力がでなかった。（身体锻炼是锻炼了，但是没什么力气。）（服部，1988）

而"V には V"结构相对来说比较紧凑。因为如果结构比较松散的话，"V には V"和 V 之间是可以插入其他成分的。比如：

(191) a. パレットタウンや大観覧車へ行くには青海で降りないで、お台場海浜公園から歩いたほうが得というものである。（要去 palettetown 或者摩天轮的话，不要在青海下车，从台场海滨公园走过去会更加方便。）（BCCWJ 语料库，川島令三『全国鉄道事情大研究』）

b. 何はともあれ、敬語を上手に使うには理屈抜きで、応接によく使う敬語表現を覚えることが早道です。（不管怎么样，很好地使用敬语是不可能的，记住接待时经常使用的敬语表达才是最快的方法。）（BCCWJ 语料库，田中浩史『ナースのための実践会話術』）

三、总结

本节通过"V 是 V"结构和"V には V"结构的对比研究，考察了这两种结构的语义和句法特点，并从语法化的角度分析了其背后的原因。

第二章 "P是P"和"Pには/ことはP"的对比

因为"Vには V"和"V 是 V"在形成过程中发生了语法化，所以这两种结构具有以下几个句法和语义特点：一是第一个动词发生了非范畴化，所以这两种结构的第一个 V 不可以与时体标记共现；二是这两个结构转折的语序已经固定化，所以语序不能颠倒；三是这两种结构分别是完整的整体时，它们才具有隐含意义，这一隐含意义也是带有说话者个人主观感情的言外之意；四是这两种结构的音系形式有减少的现象。

另外，因为"Vには V"结构的语法化程度高于"V 是 V"结构，所以"V 是 V"的结构比较松散，而"Vには V"的结构比较紧凑。因此，"V 是 V"结构的内部可以插入各种类型的副词，也可以插入主语和宾语，而"Vには V"结构的内部不可以插入这些成分。

除了"V 是 V"结构和"Vには V"结构，汉语"V 归 V"结构和日语"V ことは V"结构也都蕴含转折语义。

(192) a. 她看来是有点内疚，每次来都带很多各地的时鲜水果：海南的菠萝蜜，成都的桔子，新疆的哈密瓜，大连的苹果。吃归吃，我照旧心怀不满，难道事情颠倒了个儿，我成了小孩？

b. 大少奶奶话没说完便惹得人们一阵哄笑，连三少爷也禁不住咧开了嘴。笑归笑，可谁心里都清楚，这次"冲喜"是成是败尚无定规，只有捱过了三少爷往日重新入睡的时辰方可见出个端倪。

(193) a. 早起きをしたことはしたんですが、支度に手間取って遅くなってしまいました。（野呂，2016）

b. 動物も人間同様に眠ることは眠るようですが、かなりその生活状況に適応する形になっています。（野呂，2016）

可见"V 是 V"结构和"Vには V"结构一样，只有当"V 归 V"结构和日语"V ことは V"结构分别是完整的整体时才能含有转折语义。

· 137 ·

第五节 "P 是 P"式转折语义的生成机制

"P 是 P"式指"是"的前后词形相同,与其后续分句之间构成转折语义关系的结构。比如:

(194) 君亭说:"让秦安跑水库,他没去?"

麻巧说:"<u>去是去了</u>,没顶用。二叔训秦安,说他在任时,田里啥时候缺过水?"(CCL 语料库,贾平凹《秦腔》)

(195) 乙:这孩子太气人。

甲:你看咱们这样儿好,<u>说是说</u>,该教给孩子的能耐还照样教给孩子能耐,不能让你捡笑话。(CCL 语料库,《中国传统相声大全》)

迄今为止,学者们主要从句法、语义和语用等角度对"P 是 P"式进行了研究(邵敬敏,1986;夏齐富,1989;高元石,1996;杨艳,2004;齐沪扬、胡建锋,2006;田菊,2019;莫娇、金晓艳,2020;等等)。

近年来,"P 是 P"式的语义研究成为学界的焦点。首先,以往的很多研究都认为"P 是 P"具有保留肯定的语义。吴硕官(1985)认为保留性肯定就是指"肯定之中蕴含着保留",而保留部分由"P 是 P"的后续句说明。田菊(2019)认为具有保留性肯定语义的"P 是 P"式使转折的强度变弱,语气更加委婉缓和。另外,有学者认为"P 是 P"式还可以传递反预期语义。"反预期信息是指说话人所传递的新信息与听话人的预期不一致。"(田菊,2019:36)反预期可以分为三类:与说话人的预期相反、与受话人的预期相反、与特定言语社会共享的预期相反(田菊,2019)。近年来,还有学者提出"P 是 P"式含有否定语义。叶琼(2010)认为不带否定词的"P 是 P"式"可以表达否认或驳斥的否定意义,并具有与句法否定同样的语用及语篇特点"。聂小丽、李莹(2020)认为该结构是隐性否定,即语义层面表示否定,形式层面没有

典型的否定词。

尽管"P是P"式的语义研究已经取得了许多成果,但是关于转折义的生成机制还不能给出满意的解释。蔺璜(1985)和梅思斌(2010)认为"是"具有"虽然"的意思,这是转折语义产生的原因。但是,该论断无法解释例(196)的现象,在该句中,虽然没有"是",但是"去,去了"和"没顶用"之间还是转折语义关系。

(196)君亭说:"让秦安跑水库,他没去?"
麻巧说:"<u>去,去了</u>,没顶用。二叔训秦安,说他在任时,田里啥时候缺过水?"

桑勇(2018)和张琰(2020)认为转折义是通过"P是P"之后的分句来实现的。也就是说,因为"P是P"后面的分句表示转折,所以包含"P是P"式的句子才有转折义。但是,该论断也无法对例(197)进行解释,在该句中,虽然没有后续分句,却隐含了转折义。例如:

(197)君亭说:"让秦安跑水库,他没去?"
麻巧说:"去是去了,……"

沈家煊(1997),黄昌林、杨玲(2001),闫浩(2019)认为"P是P"违背了合作原则中的"适量原则",通过P的重复,表达"言外之意"。沈家煊(1997)还提到可以通过"偏向常态"的认知原则去解释言外之意。"偏向正面是人的一种正常心态,也就是说,在人的认识上,'好'、'正面'属于常态,'坏'、'反面'属于非常态。"(沈家煊,1997:12)但是,关于转折语义是如何生成的,这些学者并没有具体说明。

下面将对"P是P"式与其后面分句之间形成的转折语义关系及生成机制进行探讨。

一、"P 是 P"的转折语义与偏离预期语义

（一）转折语义的语义属性

吕叔湘（1942：341）首次强调转折语义与心理预期有密切的联系，认为"凡是上下两事不谐和的，即所谓句意背戾的，都属于转折句。所说不谐和或背戾，多半是因为甲事在我们心中引起一种预期，而乙事却轶出这个预期。因此由甲事到乙事不是一贯的，其间有一转折"。胡裕树（1987）认为在转折关系中前一分句说出一个方面，后一分句不是顺着前一分句的意思说下去，而是转到与其相反或相对的意思。邵敬敏（2001：248）认为"前行分句先姑且承认某种客观事实作为让步，后续分句提出的结果却是违背常理的，与前一分句形成转折语义"。

在此基础上，赵岩（2021）进一步揭示了转折关系的本质属性，提出汉语转折关系的前项和后项组成联言命题，"后项是前项蕴含命题的否命题，即后项到前项的蕴含关系不成立，从而也就揭示了转折关系构成的逻辑本质为¬（p→q）"，即 p∧¬q，是对转折关系前后两项之间蕴含关系的一种否定。比如：

（198）他本来是个火爆脾气的人，但在女儿面前却柔情似水。（赵岩，2021）

说话者通过前一分句传达了"他脾气火爆"的信息，听话者根据自己的常识推导出"他应该对谁都脾气不好"这一蕴含语义，这也是前项的预期信息。而后项"在女儿面前却柔情似水"是对前项的蕴含语义的否定，表明后项实际信息与预期信息不一致。

因此，转折语义的本质属性是后项作为前项蕴含命题的否命题而存在。具体来说，就是在转折句式中，前项产生了某种预期信息，后项的内容与前项的预期信息不一致，由此产生了转折语义。

（二）预期信息和偏离预期信息

所谓的预期信息就是指信息为预期所预测。关于话语中语言成分所

传达的信息，从吴福祥（2004）的分类可知，除了预期信息，还有反预期信息和中性信息。反预期信息表示的是信息与预期相反，中性信息表示的是信息相对于预期是中性的。

但是，当信息与预期部分不一致部分一致时，就无法用吴福祥（2004）的分类方法对其进行归类。例如你来到了一个摆有苹果、梨和橘子的水果摊位前面，你说："我买五个苹果和三个橘子。"商贩误解了你的意思，给了你三个苹果和五个橘子。那你可能会重复自己的要求："不，我买的苹果是五个，橘子是三个。"在这里，"橘子"和"苹果"所传递的信息与听话人的预期一致，而数量与听话人的预期矛盾。在这种情景里，信息与预期有部分一致，也有部分不一致，所以，不能将其归为预期信息、反预期信息或者中性信息中的其中任何一类。

这里将语言成分所传达的信息分为预期信息和偏离预期信息。所谓预期信息指语言成分所传达的信息与预期一致。偏离预期信息指语言成分所传达的信息偏离预期。偏离预期又细分为语言成分所传达的信息与预期完全不一致的反预期信息、与预期部分一致部分不一致的中性信息和与预期无关的中性信息。因此，"我买五个苹果和三个橘子"所传达的是偏离预期信息。

可见，在转折句式中，之所以产生转折语义，是因为后项传递了与前项预期信息不一致的偏离预期信息。

（三）"P是P"式和偏离预期语义

在"P是P"式中，"P是P"后面的分句只能是表示偏离预期信息的句子，而不能是表示预期信息的句子。例如：

（199）君亭说："让秦安跑水库，他没去？"

a. 反预期信息

麻巧说："去是去了，[没顶用]。二叔训秦安，说他在任时，田里啥时候缺过水？"（CCL语料库，贾平凹《秦腔》）

b. 部分预期信息

麻巧说："去是去了，[帮了一会儿忙就开始偷懒了]。"

c. 中性信息

麻巧说:"去是去了,[水库停电了]。"
d. 预期信息
*麻巧说:"去是去了,[帮了很大忙]。"

在例(199)中,君亭的预期是秦安去水库帮忙。在例(199a)中,听话者君亭的预期与说话者麻巧提供的"没顶用"这个事实不符合,即"去是去了"后面接的是表示反预期信息的句子。在例(199b)中,预期与"帮了一会儿忙就开始偷懒了"这个事实部分一致部分不一致,即"去是去了"后面接的是表示部分预期信息的句子。在例(199c)中,事实"水库停电了"与预期无关,即"去是去了"后面接的是表示中性信息的句子。在以上三种情况中,"P是P"式都可以成立。但是,在例(199d)中,预期与"帮了很大忙"这个事实一致时,句子就没法成立。

例(200)也是如此,"P是P"后面的分句只能接表示偏离预期信息的句子。例如:

(200) 君亭说:"让秦安不要去水库,他帮得了啥忙呀,不给大家添麻烦已经谢天谢地了。他去了吗?"
a. 反预期信息
麻巧说:"去是去了,[帮了很大忙]。"
b. 部分预期信息
麻巧说:"去是去了,[偷懒玩了一会儿就来帮忙了]。"
c. 中性信息
麻巧说:"去是去了,[水库停电了]。"
d. 预期信息
*麻巧说:"去是去了,[没顶用]。"

在例(200)中,预期是秦安去水库帮不了忙,会给大家添麻烦。当说话者麻巧所传达的信息是反预期信息(200a)、部分预期信息(200b)和中性信息(200c)时,"P是P"式可以成立。但是,当说话

者麻巧所传达的信息是预期信息（200d）时，"P是P"式无法成立。

由此可知，"P是P"式之后的分句只能是表示偏离预期语义的句子。所以，"P是P"式与其后面的分句形成了转折语义关系。

二、句法语义层面的作用

在转折语义生成过程中，在句法语义层面，"P是P"式中的话题、P重复、肯定语义这三个要素是不可或缺的。

首先，在"P是P"式包含了话题、P重复、肯定语义三大要素的情况下，"P是P"式之后的句子如果表示转折语义，那么句子可以成立；如果表示顺承语义，那么句子无法成立。比如：

（201）君亭说："让秦安跑水库，他没去？"
    a. 麻巧说："<u>去是去了</u>，没顶用。二叔训秦安，说他在任时，田里啥时候缺过水？"（CCL语料库，贾平凹《秦腔》）
    b. *麻巧说："<u>去是去了</u>，帮了很大忙。"

在例（201）中，"去是去了"包含了话题、P重复、肯定语义三大要素。首先学者们认为"P是P"式是一个话题句，前面的P属于话题，后面的部分属于述题（陆俭明，2016；徐烈炯、刘丹青，2007）。所以，在例（201）的"去是去了"中，第一个"去"是话题，"是去了"是述题。其次，该话题句中包含了动词重复，即"去"既在话题中出现，也在述题中出现。最后，"去是去了"具有肯定的语义。一方面，"去是去了"中的"是"表达肯定的语义。另一方面，通过话题句重复提到"去"，表达了对"去了"这一既定事实的强调和肯定。所以，在"是"和动词重复的双重加持下，"去是去了"的肯定语义更加强烈。例（201）在具备三大要素的情况下，如例（201a），当"去是去了"后面的句子表示转折语义时，句子可以成立，而像例（201b）那样当"去是去了"与后面的句子是顺承关系时，句子不能成立。

同样，例（202）、例（203）中的"P是P"式也具备了话题、P重复、肯定语义三个要素，只有当"P是P"式之后的句子形成转折语

义时，句子才能成立。

(202) 有人打破沉闷问道："据说上面有什么文件。规定往后的平价化肥按上粮任务和养猪头数下发。乡长说没说这事？"

a. 队长回答："<u>说是说了</u>，他可没说多会往下分，也没说一亩地一头猪分几斤。"（CCL 语料库，《佳作2》）

b. ＊队长回答："<u>说是说了</u>，而且说了一亩地一头猪分几斤。"

(203) 六师弟："没用的！我是感冒轻微脑下垂没的减了！自从师父去世之后，我一直这么肥，现在别说轻功了，想走快点都不行！"

a. 星驰："<u>肥是肥了点</u>，不过问题……不大啊。"（CCL 语料库，《少林足球》）

b. ＊星驰："<u>肥是肥了点</u>，你得赶紧减肥了。"

其次，即使没有"是"字，只要具备话题、P 重复、肯定语义这三个要素，主句就只能是由表示转折语义的句子充当。比如：

(204) a. 麻巧说："<u>去，去了</u>，没顶用。"
b. ＊麻巧说："<u>去，去了</u>，帮了很大忙。"

(205) a. 队长回答："<u>说，说了</u>，他可没说多会往下分，也没说一亩地一头猪分几斤。"

b. ＊队长回答："<u>说，说了</u>，而且说了一亩地一头猪分几斤。"

(206) a. 星驰："<u>肥，肥了点</u>，不过问题……不大啊。"
b. ＊星驰："<u>肥，肥了点</u>，你得赶紧减肥了。"

最后，话题、P 重复、肯定语义这三大要素只要缺少任意一种，所形成的结构与后句之间就不限于转折语义关系，其后的分句也可以是表

示顺承语义的句子。

(207) 话题＋P重复（"是"表示判断）

a. 去是去，与来不一样。

b. 说是说，做是做。

(208) 话题＋肯定

a. 麻巧说：秦安是去了，帮了很大忙。

b. 队长回答：乡长是说了，而且他说了一亩地一头猪分几斤。

(209) 话题＋动词重复

a. 水库，去去看，说不定会有新的发现。

b. 乡长说这件事说了，以后按养猪头数下发化肥。

(210) 话题＋"是"

a. 秦安是去了，不是没去。

b. 乡长是说了，不是做了。

(211) 肯定义

a. 确实去了，而且还干了一天的活。

b. 确实说了，以后按养猪头数下发化肥。

(212) P重复

a. 去一去，这样也无妨。

b. 说说看，都有什么好吃的。

(213) 话题

a. 水库去了，帮了很大的忙。

b. 论文修改意见说了，请尽快修改。

因此，"P是P"式中的话题、P重复、肯定语义这三个要素，在转折语义生成过程中是必不可少的。

又因为"P是P"式与后项之间的转折语义关系与偏离预期语义有关，所以研究转折语义生成机制的关键是探明偏离预期语义是如何生成的。那么，话题、P重复、肯定语义这三个要素，在偏离预期语义产生

的过程中发挥什么作用呢？

比如在例（201）中，君亭通过疑问句想获取"秦安是否去了水库"的信息，该信息是作为君亭所关注的内容，可称之为中心信息。针对君亭的提问，按照常理麻巧只要回答"去了"或者"没去"就可以了，但是麻巧的回答是"去是去了"。在该回答中，首先第一个"去"是话题，表示"关于'去（水库）'这一君亭所关注的信息"的语义。其次，麻巧虽然陈述了"去了"这个事实，但是把"去"重复说了两次。何洪峰、鲁莹（2019）指出在汉语中重复语言成分可以加强语气，表达强调的语义。所以，麻巧对君亭所关注的内容进行了强调。最后，在此基础上，麻巧还用"是去了"对君亭所关注的内容进行了肯定。一般情况下，对一个事件或事实（Y）的强调肯定，也就是对非Y的否定。比如：

（214）这只狗确实死了。＝这只狗不是没死。＝这只狗没有活着。

这句话强调肯定了"狗死了"这个事实，也等于否定了"狗没死"。"没死"意味着"活着"，所以强调该事实的同时，也相当于否定了"狗活着"这一非现实情况。所以，麻巧通过"去是去了"的表达，既肯定了"君亭所关注的信息"，同时又具有否定"君亭没有关注的信息"的隐含语义。

因此，在句法语义层面，在话题、P重复、肯定语义的共同作用下，"P是P"式一方面表达"关于P的话语者所关注的信息，其答案是肯定的"的语义，另一方面蕴含了"与P有关的话语者没有关注的信息，其答案是否定的"这一隐含语义，这为偏离预期语义的产生奠定了基础。

三、语用层面的作用

在句法语义层面的基础上，语用层面也发挥着举足轻重的作用。下面将从关联理论的视角出发，探讨语用层面在偏离预期语义生成过程中

所发挥的作用。

关联理论认为,语言交际的主要模式是明示—推理模式,即交际是一种明示—推理过程。何自然、冉永平(2009)从说话人和听话人的角度阐述了关联理论的明示—推理过程:"从说话人的角度来说,交际是一种明示过程,就是说话人'清楚地表示自己有明白地表示某事或某信息的意图'。""从听话人的角度来说,交际又是一个推理过程,即根据说话人提供的明示信息(即字面意义)去推导说话人的交际意图。也就是说,推理就是听话人根据说话人提供的明示信息去获取说话人所隐含的意图。"

何自然、冉永平还指出:"交际过程中认知语境是动态的,是在话语理解过程中听话人根据说话人的明示行为或明示话语重新构建语境的过程。在语境假设的重新构建中,听话人会利用百科知识、逻辑知识以及语言知识等,帮助生成与当前话语信息有关的语境信息或假设,因为根据关联理论,话语理解是一个根据话语所提供的信息或假设去寻找话语的最佳关联性的认知推理过程。"

比如在例(201)中,君亭让秦安去水库,其预期信息是"秦安去水库之后帮上忙了",这是君亭的认知语境假设。

从说话者角度来说,针对君亭的疑问,麻巧明明可以用"去了"就能回答,却用了包含动词重复和肯定语义的"去是去了"这一复杂形式,该语言表达就是一个明示性的刺激信号。每一个具有明示特点的交际行为都应被设想为这个交际行为自身所具备的最佳关联(Sperber,1995)。该明示性刺激信号激发了"去是去了"与后续分句之间的关联性,有效地吸引了君亭的注意,使其无须付出太多的努力对信息进行处理。同时该明示刺激也是麻巧在自己的能力范围内所能发出的关联性最大的信号,可以引导君亭通过一定的推理努力,改变自己原有的认知语境,获取麻巧的隐含信息。

从听话者角度来说,首先在"去是去了"的刺激下,君亭推测:如果麻巧只是要表达"秦安去了水库"的话,则没必要使用"去是去了"这一形式,既然使用这个复杂形式,那么麻巧应该不仅仅要回答"秦安是否去了水库"这一自己所关注的信息,还要表示别的隐含意义。

接着，因为"P 是 P"在表达"关于 P 的话语者所关注的内容，其答案是肯定的"这个语义的同时，还蕴含了"关于 P 的话语者没有关注的内容，其答案是否定的"这一隐含语义，所以听话者君亭推测：麻巧通过"去是去了"想表达的应该是"与'去（水库）'有关的自己没有关注的内容，其答案是否定的"这个隐含意义。

然后，又因为"在信息处理时，人们会尽力以最小的努力去获取最大的认知效果，也就是说，人类认知以关联及最大程度的关联信息为取向"（何自然、冉永平，2009：314），所以对与"去（水库）"有关的君亭自己没有关注的内容，君亭会以最小的努力，在其背景知识中或者根据常理以及背景知识等可以推测出的信息中进行搜寻。换句话说，君亭没有关注的内容是在君亭的可预期范围之内，是君亭的预期信息。所以，君亭会推测：对与"去（水库）"有关的自己没有关注的内容进行否定，也就是否定了自己的预期信息，麻巧应该想告诉自己实际信息与自己的预期信息不一致。

也就是说，君亭在接收"去是去了"这个明示刺激后，重新调整了自己的认知语境，最终产生"关于'秦安是否去水库'这一君亭关注的信息，其答案是肯定的，但是与'去（水库）有关的预期信息，其与实际信息是不一致的"这一语境效果。

最后，"去是去了"后一分句的"没顶用"，明确表明秦安没帮上忙，该新信息加强和证实了现存的语境假设，最终产生"关于'秦安是否去水库'这一君亭关注的信息，其答案是肯定的，但是'秦安去水库→秦安帮上忙'这一预期信息，与实际信息'秦安没顶用'是不一致的"的语境效果。

由此可知，包含"去是去了"句子的偏离预期语义的生成机制可以概括如下：

a. 语境假设 1：关于君亭所关注的信息"秦安是否去了水库"，麻巧的回答是"去了"或者"没去"。

b. 新信息（明示刺激）1："去是去了"（通过话题、动词重复、肯定语义，表达"关于君亭所关注的信息，其答案是肯定的；关于君亭没有关注的信息，其答案是否定的"这一语义）。

c. 语境假设1+新信息1→语境假设2：关于与"去水库"有关的君亭没有关注的预期信息，其答案是否定的（即预期信息与实际信息不一致）。

在偏离预期语义产生之后，"P是P"式与其后句之间的转折语义也就产生了。

因此，"P是P"式与后续分句之间转折语义的生成机制可以概括为：

首先，句法语义层面发挥作用。在话题、P重复、肯定语义的共同作用下，"P是P"式既表达了"关于P的话语者所关注的内容，其答案是肯定的"的语义，又蕴含了"与P有关的话语者没有关注的内容，其答案是否定的"的隐含语义。

接着，语用层面发挥作用。经过以下a→b→c的过程，产生了偏离预期语义。

a. 语境假设1：关于P的话语者所关注的信息，……

b. 新信息（明示刺激）1："P是P"（通过话题、P重复、肯定语义，表达"关于P的话语者所关注的信息，其答案是肯定的；关于P的话语者没有关注的信息，其答案是否定的"这一语义）。

c. 语境假设1+新信息1→语境假设2：关于与P有关的话语者没有关注的预期信息，其答案是否定的（偏离预期语义）。

最后，在句法语义层面和语用层面的共同作用下，"P是P"式与其之后的句子产生了转折语义关系。

四、总结

本章以"P是P"式为考察对象，对该结构与之后句子的转折语义关系及其生成机制进行了探究。在转折句式中，之所以产生转折语义，是因为后一分句所传递的信息与前一分句的预期信息不一致，即后一分句表示的是偏离预期的语义。"P是P"式也是一样，该结构的后一分句传递了偏离预期的信息，所以"P是P"式与后续分句之间产生了转折语义关系。因此，可以说研究转折语义生成机制的关键是探明偏离预期语义是如何生成的。首先，在句法语义层面，话题、P重复、肯定语

义的共同作用为偏离预期语义的产生奠定了基础。包含话题、P重复、肯定语义的"P是P"式既表达了"关于P的话语者所关注的内容,其答案是肯定的"的语义,又蕴含了"与P有关的话语者没有关注的内容,其答案是否定的"的隐含语义。然后,在此基础上,语用层面发挥作用,产生了偏离预期语义。在交际过程中,听话人通过说话人所传递的新信息(具备话题、P重复、肯定语义的"P是P"式),并经过一定的推理努力,改变自己原有的认知语境,最终获取说话人的隐含信息(偏离预期信息)。最后,在偏离预期语义产生之后,"P是P"式与其后句之间也就产生了转折语义关系。

第三章 非逻辑语义句的汉日对比

第一节 "NP は VP" 非逻辑语义句

在日语中，以下的 "NP は VP" 句子被认为是话题句。

（1）うちの猫はかなり太っているのでダイエットをしていますがなかなか痩せません。（我的猫很胖，我正试着让它节食，但它并没有瘦下来。）（BCCWJ 语料库，Yahoo! 知恵袋 2005）

（2）二人は疲れて一時間ほど横になり、それからまた外出した。（他们累了，躺了一个小时，然后又出去了。）（BCCWJ 语料库，竹内忠 2003『夜よ、もう来るな!』）

（3）冗談じゃない、そんなことまで相談するなんて。ぼくは困ったよ。（开什么玩笑，连这样的事情也要商量。我很困扰。）（BCCWJ 语料库，高毛礼誠 1993『あなたを忘れきれない男たち』）

在上述句子中，作为话题的 "うちの猫"（我家的猫）、"二人"（两个人）、"ぼく"（我）分别是 "太る"（胖）、"疲れる"（累）、"困る"（困扰）这三个动作的经历者或参与者，也就是谓语动词的语义角色

(Semantic Roles)。[①] 由此可见，在这几个话题句中，主题发挥了承担谓语动词语义角色的作用。

但是，在例（4）～例（6）中，话题并不是谓语动词动作的参与者，即话题并没有承担谓语动词的语义角色。

（4）個人的に<u>夜食は太る</u>ので厳禁です。（就我个人而言，我严禁晚上吃东西，因为这会让我发胖。）（BCCWJ 语料库，Yahoo! 知恵袋 2005）

（5）賛成討論に切り込みを期待します。それにしても<u>いつも議会は疲れます</u>、緊張の連続です。議会関係者の皆さんに大変お世話になりました。（期待着对支持该建议的论点进行深入探讨。不过，大会总是令人疲惫和紧张的。我非常感谢参会的所有成员。）（BCCWJ 语料库，Yahoo! ブログ 2008）

（6）スーパーなどでは品物の値段表示があるが<u>普通の店での買物は困る</u>。（超市里会显示商品价格，但在普通商店购物却不容易。）（BCCWJ 语料库，中野善達、伊東儁祐 1999『新手話を学ぼう』）

在例（4）～例（6）中，虽然话题句是以"NP は VP"的形式出现的，但是作为话题 NP 的"夜食"（消夜）、"議会"（会议）和"買物"（买东西）并不是"太る"（胖）、"疲れる"（累）、"困る"（困扰）这三个动作的语义角色。也就是说，主题和谓语动词之间并没有构成逻辑语义关系。这里将主题和谓语之间是非逻辑语义关系的"NP は VP"话题句称为"NP は VP"非逻辑语义句。

迄今为止，关于日语普通话题句的研究已经非常深入，但是关于"NP は VP"非逻辑语义句的研究还不足。冯君亚（2010）通过例（7）～例（9）说明了日语魔芋句中的话题表示诱导因素。

[①] 所谓语义角色，指"有关语言成分的所指在语句所表达的事件中所扮演的参与者角色（Participant Roles）"（袁毓林，2007）。除了经历者、动作者、对象、出发点等也都是动作的语义角色。

(7) チョコは太る、コンニャクは痩せる。［巧克力（增）肥，魔芋（减）肥。］（冯君亚，2010）

(8) この薬は、眠くなる。［（吃）这种药瞌睡。/这种药使人瞌睡。］（冯君亚，2010）

(9) この教材は、英語力がアップする。［（使用）这类教材，英语能得到提高。/这种教材能使人英语得到提高。］（冯君亚，2010）

冯君亚（2010）指出："日语是一种省略极多的语言，根据语境推理能互明的成分经常都会省去，这时候就可以利用'は'的已知信息处理功能，找回省略，填补命题的空白。'は'切分的句子成分具有了独立于句子结构之外的语用功能，脱离了单纯的主语性。用'は'提出一个话题，以引起听话者的注意，然后关于这个话题，在任何一个方面都可以展开说明，而不必考虑与前面话题有无句法的合法关系。"

丸山（2022：341）指出魔芋句"情報の端折りがある"（有信息的简化），关于"こんにゃくは太らない"这个句子，丸山（2022：341）认为："「こんにゃくを食べても太らない」という意味で、こんにゃくそのものが太るかどうかということを話題にしているのではない。この表現は、無助詞にして「こんにゃく、太らない」にすると、許容性の低い表現になる。しかし、疑問文の「こんにゃく、太らない？」や、情報提供の「こんにゃく、太らないよ」のようにすると、可能になってくる。「結合価で把握できるような格関係から離れていく」［丸山（1998）p.129］ものである。是'こんにゃくを食べても太らない（即使吃魔芋也不会发胖）'的意思，并不是在说魔芋本身是否变胖。这个表达如果省略助词变成'こんにゃく、太らない'的话，就会变成一种不太容易接收的表达形式。但是，如果把该句子变成疑问句'こんにゃく、太らない？'或者提供信息的'こんにゃく、太らないよ'的话，句子可以成立。'摒弃用结合价来把握的格关系'［丸山（1998）p.129）］。"

但是，上述研究只是对日语魔芋句进行了简单的介绍，并没有深入。

本节将以谓语动词①是自动词的"NP は VP"非逻辑语义句为研究对象，对该句中的主题 NP 的特点、主题 NP 与谓语 VP 的语义关系进行考察。所选例句主要来自现代日语书面均衡语料库（BCCWJ）。检索方法为首先将"キーワード"（关键词）设置为"は"，然后将"前方共起条件"（"は"前面的共现条件设置）设置为名词，最后将张志军（2008）所列举的自动词依次带入"後方共起条件"（"は"后面的共现条件设置），逐一对"NP は VP"非逻辑语义句进行检索。

张志军（2008：94）认为"所谓自动词，就是'作用不涉及其他对象的动词'，换句话说就是'不带宾语的动词'"，"自动词的特点是：主语可以是有情物，也可以是无情物，谓语表达的是主语的行为、变化（施事变化或受事变化）以及状态，自动词句中的行为不带宾语"。

张志军（2008）将自动词分为动作型自动词、变化型自动词、行为结果型自动词、状态型自动词四大类。

所谓动作型自动词，指"（人）亲自参与的行为"的自动词。如：

暴れる、叫ぶ、遊ぶ、動く、起きる、駆ける、転ぶ、騒ぐ、立つ、黙る、逃げる、歩く、休む、頷く、頑張る、進む、しゃがむ、跪く、飛ぶ、走る、もぐる、くぐる、渡る、泳ぐ、通る、滑る、這う、超える、攀じのぼる、上る、降りる、下る、通う、帰る、行く、来る、戻る、出かける、出る、退く、抜ける、入る、加わる、集まる、移る、離れる、上がる、近づく、寄る、向かう、向く、もたれる、傾く、住む、残る、乗る、泊まる、留まる、並ぶ、隠れる、座る、寝る、当たる、添う、付く、親しむ、背く、触る、触れる、従う（张志

---

① 本书认为名词、动词和形容词分别具有以下句法特点：名词是句法上一般不能接受"不"和"很"修饰的词，比如普通名词：苹果，*不苹果，*很苹果；专有名词：上海，*不上海，*很上海；时间名词：傍晚，*不傍晚，*很傍晚；处所名词：河边，*不河边，*很河边。动词在句法上能接受"不"的修饰，不能接受"很"的修饰，不过能愿动词和心理动词除外，比如一般动作动词：不跑，*很跑；表存在、变化、消失的动词：不在；表能够、愿意的动词，即能愿动词：不应该；表示趋向的动词，即移动动词：不去，*很去；表关系的动词：不等于，*很等于。形容词在句法上一般既能接受"不"的修饰，又能接受"很"的修饰，且不能带宾语，比如性质形容词：伟大、不伟大、很伟大；状态形容词：满、不满、很满。

军，2008：95—96)。

所谓变化型自动词，指"表达事物本身自然产生的变化或由外界条件引发的变化"的自动词。张志军（2008：104）又指出："表达变化的自动词主要分为表达有情物的生理、心理变化，同时也包括无情物本身的自然变化或由外界条件诱发而产生的变化。"如：

（1）あきれる、飽きる、慌てる、驚く、怒る、苦しむ、困る、疲れる、照れる、泣く、悩む、慣れる、震える、迷う、酔う、耽る、なじむ、微笑む、笑う、溺れる、しびれる。

（2）現れる、浮かぶ、上がる、あたる、傷む、浮く、映る、移る、落ちる、衰える、降りる、かかる、欠ける、重なる、固まる、傾く、乾く、変わる、消える、聞こえる、腐る、崩れる、曇る、暮れる、凍る、焦げる、壊れる、咲く、裂ける、醒める、茂る、沈む、死ぬ、空く、過ぎる、育つ、倒れる、溜まる、縮む、散る、伝う、できる、照る、出る、融ける、成る、治る、流れる、煮える、匂う、濡れる、眠る、残る、流行る、晴れる、冷える、光る、吹く、減る、太る、増える、降る、減る、負ける、回る、漏る、漏れる、痩せる、破れる、緩む、汚れる、弱る、湧く、割れる。

（3）なる。

所谓行为结果型自动词，指"主语在人或外界力量的作用下产生变化的结果"的自动词。如：

挙がる、温まる、集まる、改まる、埋まる、生まれる、売れる、折れる、掛かる、欠ける、重なる、固まる、決まる、加わる、切れる、転がる、壊れる、下がる、裂ける、刺さる、しまる、揃う、助かる、立つ、溜まる、縮まる、伝わる、つながる、詰まる、届く、直る、並ぶ、入る、挟まる、始まる、拡がる、曲がる、混ざる、まとまる、見つかる、戻る、破れる（张志军，2008：116）。

所谓状态型自动词，指表达"事物的存在或呈现出的状态、特征"的自动词。如：

A：ある、いる、おる。

B：似る、優れる、劣る、勝る、聳える、曲がりくねる、異な

る、違う。

其中,"A 中的自动词语义主要为存在,B 中的自动词语义则为物质的特征或状态。"

一、主题 NP 的特点

研究发现,当谓语动词是自动词时,"NP は VP"非逻辑语义句的话题 NP 可以分为时间名词、状况名词、事物名词、程度名词、数量名词、场所名词六大类。

第一类时间名词。如今日(今天)、每日(每天)、最後(最后)、先ほど(刚才)、とき(……的时候)、最初(最初)、頃(……的时候)、明日(明天)等。

第二类场景名词。如結局(结局)、場合(……的情况)、結果(结果)、普通(一般情况)等。

第三类事物名词。如湯洗い(洗澡)、買い物(买东西)、増税(增税)、お酒(酒)、甘いもの(甜的东西)、クリーム(奶油)、カラー(颜色)、影(影子)、スキャンダル(丑闻)等。

第四类程度名词。如すこし(稍微)、本当(真的)、多少(多少)等。

第五类数量名词。如一度(1 次)、3 回(3 次)、四百三十キロ(430 公里)等。

第六类场所名词。如病院(医院)、帰り道(回家的路)、企業(企业)、現場(现场)、中(里面)等。

不过,我们发现当谓语动词是变化型或者结果型自动词的时候,话题 NP 可以是时间名词、场景名词、事物名词、程度名词、数量名词或者场所名词(见表 3—1)。

表 3—1 主题 NP 与各类型谓语动词的对应关系

	动作型自动词	变化型自动词	行为结果型自动词	状态型自动词
时间名词	○	○	○	○
场景名词	○	○	○	○

续表 3-1

	动作型自动词	变化型自动词	行为结果型自动词	状态型自动词
程度名词	○	○	○	○
数量名词	○	○	○	○
场所名词	○	○	○	○
事物名词	×	○	○	×

比如，当谓语动词是变化型自动词时，时间名词充当话题 NP 的例句最多，共有 272 例；其次为话题 NP 是事物名词的例句，共有 90 例；最少的是场所名词充当话题 NP 的例句（见表 3-2）。

表 3-2 变化型动词充当谓语动词的例句

	例句数量（例）	占比（%）
时间名词	272	65.5
事物名词	90	21.7
场景名词	24	5.8
程度名词	14	3.4
数量名词	9	2.2
场所名词	6	1.4

但是，当谓语动词是动作型自动词或者状态型自动词时，话题 NP 不能是事物名词，只能是时间名词、状况名词、程度名词、数量名词、场所名词这 5 类（见表 3-1）。

在例（10）～例（13）中，"昼間"（白天）、"さっき"（刚才）、"最初"（最初）、"今日"（今天）都是时间名词，与之相对应的动词"遊ぶ"（玩耍）、"驚く"（惊讶）、"売れる"（好卖）、"違う"（不同）分别是动作型自动词、变化型自动词、行为结果型自动词和状态型自动词。

(10) 昼間はリビングルームを中心に、家の中で遊んでいましたが、自分の身の回りを整え、管理することと、就寝時間のけじめをつける点では、子ども部屋は有効だったと思

います。（虽然孩子们白天在家里玩耍，主要是在客厅，但孩子们的房间非常有用，可以让他们有条不紊地控制周围的环境，并建立睡前常规。）（BCCWJ语料库，『婦人之友』2001年6月号）

（11）「あなたをそういう目で見ていたわけじゃないわ。さっきは驚いたのよ。自分がばかみたいに思えたの」。（我没有那样看你。我刚才很惊讶。我觉得自己像个白痴。）［BCCWJ语料库，エマ・ダーシー（著）/橋由美（訳）2002『復讐は甘美すぎて』］

（12）70年代に結成されたものの、泣かず飛ばずで一時期は解散状態だったジ・アラームは、80年代に入ってから何枚かのシングルをリリースしますが、最初はなかなか売れませんでした。（警报乐队成立于20世纪70年代，但默默无名，一度处于解散状态，在20世纪80年代发行了几张单曲，但起初并不畅销。）（BCCWJ语料库，Yahoo!ブログ2008）

（13）「昨日までそうだったの。でも、今日は違うわ」「それ、どういう意味？」（"昨天是这样。但是，今天不一样了。""你这话是什么意思？"）（BCCWJ语料库，斎藤栄1997『飛鳥・神戸殺人旅情』）

在例（14）～例（17）中，"結局"（结果）、"普通"（一般）、"普段"（平时）、"場合"（情况）是场景名词，与之相对应的动词"逃げる"（逃跑）、"驚く"（惊讶）、"曲がる"（弯曲）、"似る"（相似）分别是动作型自动词、变化型自动词、行为结果型自动词和状态型自动词。

（14）何かというと、夢だとか希望だとか、そんなわけのわからない妄想を振りかざす。結局は、現実から逃げているだけではないですか。（如果有的话，他们会假装这是一个梦想、一个希望，或者是其他一些难以理解的妄想。归根结

· 158 ·

第三章 非逻辑语义句的汉日对比

底，他们只是在逃避现实。）（BCCWJ 语料库，七瀬ざくろ 2001『かえで荘の朝』）

（15）理沙はすっかり驚いていた。まあ、普通は驚くだろう。しかし、金沢はさらに理沙に言ったのだ。（理纱完全被吓了一跳。嗯，通常她会感到惊讶。但金泽进一步告诉了理纱。）（BCCWJ 语料库，錦岡龍司 2005『1Kのセレブ』）

（16）頭は小さく、すこし傾いています。背はほっそりしていて、普段はすこし曲がっています。（头小，略微倾斜。背部细长，通常略微弯曲。）（BCCWJ 语料库，カロリーネ・フォン・ハイデブラント著；西川隆範訳 1992『子どもの体と心の成長』）

（17）鏡に映った自分の像を写す場合は絵画の自画像に似ているともいえるが、そこにはカメラや光線や視線の交換が映っている。（当拍摄到镜子中的自己时，可以说类似于绘画中的自画像，但其中有照相机、光线和目光的交流。）（BCCWJ 语料库，近藤耕人 1993『映像・肉体・ことば』）

在例（18）～例（21），"多少"（多少）、"本当"（真的）、"直接"（直接）、"すこし"（稍微）是程度名词，对其后面的谓语动词在程度上进行限定。

（18）SUBARUのサンバーなら多少は走りますが、その他メーカーの軽トラなんて最低の走りですよ。（斯巴鲁 Sambar 还能跑一点，但其他制造商的轻型卡车就不行了。）（BCCWJ 语料库，Yahoo! 知恵袋 2005）

（19）我々は困りますよ、土日はいっぱい行事があるんで、会合があるんで本当は困るけれども、ぜひそういうことを含めて全国民的な議論を起こすということをこの憲法調査会が一つやるべきだ、その先駆になるべきだと、私はこういうふうに思うわけであります。（我们很困扰，周六和周日有

· 159 ·

很多事情要忙。竟然还要开会，真的很头疼。我认为制宪委员会应成为就这一问题和其他问题开展全国性辩论的先驱之一。）（BCCWJ 语料库，『国会会議録』第 147 回国会）

(20) インターネットにしろレンタルサーバ会社にしろ、ユーザーはそこに電話回線からつながったりするわけですよね。で、そこから先のインターネットの世界にはプロバイダが<u>直接は</u>つながっているわけです。（无论是互联网还是租用服务器的公司，用户都可以通过电话线与之连接。从这里开始，服务提供商就直接与互联网世界相连。）（BCCWJ 语料库，Yahoo! 知恵袋 2005）

(21) これに「<u>すこしはある</u>」と回答している生徒を含めると、不登校生徒群の実に 8 割近くに達している。（包括对这一问题回答"有点"的学生在内，事实上，该比例接近不上学学生群体的 80%。）（BCCWJ 语料库，森田洋司 1991『「不登校」現象の社会学』）

数量名词可以分为表示距离的数量名词和表示次数的数量名词。例(22)～例（23）中的"200KM"和"430 キロ"是表示距离的数量名词。

(22) 旅先などで 1 番多いのが、実はガス欠。いつもは<u>200KM は走る</u>から、まだガス欠なんかじゃないハズ…なんて生半可に知識があると難しく考えて、キャブや電気系を疑ったりする。（在旅行等过程中，实际上碰到最多的是没气了。通常会开 200 公里，所以会认为目前还不会没气……如果只是一知半解，就会觉得这很困难，会怀疑是驾驶室或者是电气的问题。）（BCCWJ 语料库，ロードライダー 2005 年 6 月号）

(23) さすがに往復<u>430 キロは疲れた</u>あこの時ほどドコデモドアが欲しいと願った事はなかった。（往返 430 公里后，我已经很累了，我从来没有像此时这样希望有一扇随意门。）

（BCCWJ 语料库，Yahoo! ブログ 2008）

例（24）～例（26）中的"四五回"（四五次）、"1 度"（1 次）、"1～2 回"（1～2 次）是表示次数的数量名词。

　　（24）そのけやきは、私の散歩コースで一番見通しのいい場所に、二本並んで、地平を限って立っていた。幾通りかある散歩道の中で、一番遠出のコースだが、多い時は月に四五回は通った。（榉树矗立在我散步路线的最佳观景点，两棵树并排，限制了地平线。在我走过的几条路线中，这是最偏僻的一条，但我每个月会去四五次。）（BCCWJ 语料库，阪田寬夫 1992『菜の花さくら』）
　　（25）今日は午後から風邪引いたみたい…節々が痛い1度は治ったけど　また引いたかな…（今天下午开始好像感冒了……各个关节很疼。治好了，但是好像又要感染了……）（BCCWJ 语料库，Yahoo! ブログ 2008）
　　（26）制作や打合せのため月に1～2回は市立図書館に集まるようにしているが、家事や仕事などでも忙しい会員たちが一堂に会することは難しい。（尝试每个月在市图书馆聚一两次，进行制作和开会，但成员们还要忙于家务和工作，很难全部聚齐。）（BCCWJ 语料库，市報かみのやま 2008）

在例（27）～例（30）中，"深い所"（深处）、"つき合いの深い現場"（交往比较亲密的话）、"帰り道"（回去的路）、"その辺り"（那个地方）是场所名词，表示动作所发生的场所或者在某个方面发生了谓语动词的动作。

　　（27）しかし、この二匹の犬は水泳と走ることがとても得意で、ぼくが川を下る時はカヌーのうしろから追ってくる。彼等は浅瀬や岸を走り、深い所は泳いでカヌーを追いか

ける。(不过，这两只狗非常善于游泳和奔跑，当我下河时，它们会跟在独木舟后面。它们在浅滩和岸边奔跑，在较深的河段游泳和追逐独木舟。)(BCCWJ 语料库，野田知佑 2003『ぼくの還る川』)

(28)商社は、従来、一定の上限額を設けて現場に一任していたが、つき合いの深い現場は甘くなりがちである。(贸易公司传统上都会设定一定的最高限额，并将其交给现场处理，但与之关系比较亲密的话往往会比较宽松。)(BCCWJ 语料库，辰巳憲一 2004『金融・証券市場分析の理論——新しい展開と応用』)

(29)そん時はヘラヘラしてたんだけど帰り道は泣いてたんだけど。(当时还在傻笑，但在回家的路上哭了。)(BCCWJ 语料库，株式会社ロッキング・オン、TOSHI-LOW 2004『Immanent Brahman』)

(30)慌しかったけれど、一人で作業が出来たのでかなり気楽でありました。その辺りは、かなり助かりました。(虽然很忙，但我可以独自工作，这很轻松。这对我的工作很有帮助。)(BCCWJ 语料库，Yahoo!ブログ 2008)

事物名词可以分为事件名词和物体名词这两大类。在例(31)~例(34)中，"出入り"(出入)、"その頃のこと"(那时的事情)、"お湯洗い"(热水洗)、"掛け持ち"(兼职)都是表示事件的名词。在主题 NP 是事件名词的句子中，将近一半的主题 NP 是由像"出入り"(出入)、"お湯洗い"(热水洗)、"掛け持ち"(兼职)这样的短语构成。

(31)大木さんが玄関の前に立っているのを山元さんは見たかもしれない。若い人の出入りは困る、と山元さんは言っていた。(山本先生可能看到大木先生站在门口。山本先生说，他说年轻人进出房子会让人困扰。)(BCCWJ 语料库，岩瀬成子 1996『やわらかい扉』)

（32）水城高校ゴルフ部では、OBも参加するコンペがあってボクも毎年参加していますが、さすがに<u>その頃のことは照れくさくて</u>、先生もボクも一切その当時のことに触れないようにしているんです。（水城高中高尔夫俱乐部有校友也参加的比赛，我每年都参加，但不好意思说起那段日子，所以我和老师都完全不提那段日子。）（BCCWJ语料库，片山晋呉2003『主役』）

（33）丈つめしてから洗うんでしょうか？ またどれくらい縮むのですか？ <u>お湯洗いは縮みます</u>？（加长后必须清洗吗？缩水程度如何？用热水洗会缩水吗？）（BCCWJ语料库，Yahoo! 知恵袋2005）

（34）フリーの人はお誘いがあったら、大事な打ち合わせが入っても時間をつくって出かけてください。<u>掛け持ちは疲れます</u>が、よい噂が立てばよいアピールに。（如果有空，即使有重要会议，也要抽出时间应邀外出。四处闲逛可能会很累，但如果能得到好的口碑，也是一种很好的宣传。）（BCCWJ语料库，小林祥晃2005『誕生月でわかるDr. コパの風水大開運』）

物体名词可以进一步细分为抽象物名词和具体物名词。下面例句中的"スキャンダル"（丑闻）、"言葉"（词语）、"役柄"（职务）、"議会（会议）"是表示抽象物的名词。

（35）「そこまでは考えてないけど。——ともかく向うだって、地位があるわけでしょ。<u>スキャンダルは困るだろうし</u>ね」（虽然还没有想那么远。但是总之，他说是在那边，也有自己的立场，不是吗？绯闻会让人很困扰吧。）（BCCWJ语料库，赤川次郎1985『早春物語』）

（36）そしてまた次の単位へってなるんですが、1単位毎の小テストはまだ何とか90点前後をキープしてるんです

が、3 単位毎の小テストになると 80 点前後に下がるんですよね（泣）だから課題提出は泣きそう。［然后又进入下一个单元，但每个单元的小测验我还能保持在 90 分左右，但到了三个单元的小测验时，分数就降到了 80 分左右（哭），所以要交作业时我就哭。］（BCCWJ 语料库，『増補版現代短歌全集』2002）

(37) 彼のハードボイルドな経歴から、今回のアーチストっぽい役柄は笑っちゃうね。（因为他是硬汉背景，所以他的这个大艺术家的角色让人觉得好笑。）（BCCWJ，Yahoo！ブログ 2008）

(38) それにしてもいつも議会は疲れます、緊張の連続です。議会関係者の皆さんに大変お世話になりました。（期待着对支持该建议的论点进行深入探讨。不过，大会总是令人疲惫和紧张的。我非常感谢参会的所有成员。）（BCCWJ 语料库，Yahoo！ブログ 2008）

例（39）～（42）的"ご飯"（米饭）、"冷蔵庫やクーラー"（冰箱和冷气）、"バス"（巴士）、"酒"（酒）是表示具体物的名词，这些词表示的物体是我们可以直接看到或者接触到的。

(39) どうしても外食が多くなる。そこで悩むのが、主食選び。ご飯は太ると思っている人が多いようだが、これは大いなる勘違い。（不可避免地，外出就餐的次数增多了。那么问题就出在主食的选择上。很多人似乎认为米饭容易发胖，其实这是一个很大的误区。）（BCCWJ 语料库，千葉淳子 2004『お腹を凹ませる 1 日 15 分スロートレーニング』）

(40) だからフロンを使用した冷蔵庫やクーラーは困るということも、消費者は知っています。（因此，消费者知道他们不想要使用氟氯化碳的冰箱和冷柜。）（BCCWJ 语料库，山本良一 1995『地球を救うエコマテリアル革命』）

(41) あと深夜バスとか言いながら、午前1時前には走ってない（終了してる）のは納得できん。結局、バスは酔うから嫌い。［我也不明白为什么他们称其为深夜巴士，但在凌晨1点之前却不运行（或者已经结束）。结果，我讨厌巴士，因为我会晕车。］（BCCWJ 语料库，实著者不明 2005 週刊ゴング）

(42)「いや、貴公には困ったぞ。昨日の夕方から一晩中、ぐうぐう寝ていて、放って帰るわけにもいかず、仕方がないから、皆を帰して、俺が夜中、貴公の番をしていたのだ。酒は醒めてしまうし、腹は減るし…さあ、立て。」（"不，你让我感到困扰。从昨天傍晚开始，你整晚都睡得很香，我不能让你一个人睡，只好让大家都回家，晚上看着你。你酒也清醒了，肚子饿了……现在，起来吧。"）（BCCWJ 语料库，小島英熙 2002『山岡鉄舟』）

二、NP 与 VP 的语义关系

当谓语动词是自动词时，在"NPはVP"非逻辑语义句中话题 NP 与 VP 的语义关系可以分为限定语义关系和因果语义关系这两大类。

所谓限定语义关系，就是指话题 NP 对谓语动作 VP 进行限定的关系。根据限定的具体内容，可以将限定语义关系细分为时地关系、数量关系和场景关系。

（一）时地关系

当话题 NP 表示谓语动作发生的时间或者场所时，即话题 NP 对谓语动作发生的时间和场所进行限定时，话题 NP 和谓语 VP 的语义关系是时地关系。话题 NP 可以由时间名词或者场所名词构成。例（43）中的"とき"（时候）是对"驚く"（惊讶）发生的时间进行限定；例（44）中的"帰り道"（回家的路）是对"泣く"（哭）的场所进行限定，突出强调是在回家路上"泣く"（哭）这个动作才发生。

· 165 ·

（43）最初、この話をもちかけられた**ときは驚いた**けれど、正直言って、交換条件としては悪くないと思ったよ。（第一次有人找我谈这件事时，我很惊讶，但说实话，我觉得这并不是一个糟糕的交换。）（BCCWJ 语料库，幸田真音 2001『傷』）

（44）そん時はヘラヘラしてたんだけど**帰り道は泣いてた**んだけど。（当时还在傻笑，但在回家的路上哭了。）（BCCWJ 语料库，株式会社ロッキング・オン、TOSHI－LOW 2004『Immanent Brahman』）

（二）数量关系

当话题 NP 表示谓语动作的程度或者次数时，即话题 NP 对谓语动作的程度和次数等进行限定时，话题 NP 与谓语 VP 的语义关系是限定语义关系。话题 NP 可以由程度名词或者数量名词构成。例（45）的"少し"（稍微）表示"高くなる"（变高）的程度，是对程度的一种限定；例（46）中，话题 NP 由数量名词"一度"（一次）构成，是对"死ぬ"（死）进行限定。

（45）オークションでしたら**少しは高くなる**かもしれません。ソフト付きの方がいいようです。（如果是拍卖，价格可能会高一些。带软件的似乎更好。）（BCCWJ 语料库，Yahoo! 知恵袋 2005）

（46）その瞬間、ヤコポの頭に浮かんだのは、トランペットの鋭い音を吹くためには視線を空に向けなければならない、そうなると、太陽で目が眩むのではないだろうか、それからトランペット奏者は死ぬんだ、でも人は**一度は死ぬ**んだから、立派にやってみよう。（这时，雅各布想到，为了吹出尖锐的号声，他的目光必须投向天空，那样他就会被太阳刺瞎双眼，然后吹号手就会死去，但人固有一死，让我们光荣地死去吧。）〔BCCWJ 语料库，ウンベルト・エーコ（著）/藤村

昌昭（訳）1993『フーコーの振り子』]

（三）场景关系

当话题 NP 表示谓语动作发生的场景时，即话题 NP 对谓语动作发生的场景进行限定时，话题 NP 与谓语 VP 的语义关系是场景关系。话题 NP 可以由场景名词构成。在例（47）中，话题 NP"場合"（时候）是对"落ちる"（掉落）发生的场景进行限定，表示在正面看的时候容易掉落。在例（48）中，话题"普通"（一般情况下）表示在一般情况下是输的，即限定"負ける"（输）发生的场景。

（47）また「遠当て」（手をふれずに相手に尻餅をつかせること）でも後ろから落とすことはたいへん難しいのです。正面で、目で見ている**場合は落ちやすい**。［另外，即使是"遠当て"（不接触对手的情况下，让对手屁股着地摔倒），从后面摔倒也非常困难。如果你在对手前面，用眼睛看着他，则更容易摔倒。]（BCCWJ 语料库，岡崎久彦 2003『なぜ気功は効くのか』）

（48）まあ、仕上げも緩かったと言う話もあるけどさ、**普通は負け**んだろ。タスカータソルテ。完全に展開読みきったノリのファインプレー。（好吧，有人说完成得很松散，但通常不会输。Tascata Sorte 的精彩表演，他完全读懂了。）（BCCWJ 语料库，Yahoo! ブログ 2008）

因果语义关系指话题 NP 与谓语 VP 之间是原因和结果的关系，即谓语 VP 的发生是由话题 NP 引起的。话题 NP 主要由事物名词和数量名词构成。

表 3—3　事物名词和数量名词在表示因果语域关系句子中的情况

		变化型动词例句数（例）	动作结果型动词例句数（例）	占比（%）
事物名词	事情	39	1	40.8
	抽象物	21	3	24.5
	具体物	30	2	32.7
数量名词	距离	1	0	1
	次数	1	0	1

首先，在表示因果语义关系的句子中，话题 NP 由表示事情的 NP 充当的句子最多，共 40 例，占了总数的 40.8%（见表 3—3）。在例（49）、例（50）、例（51）中，话题 NP"派遣"（派遣）、"掛け合い"（谈判）、"お湯上がり"（洗完澡）表示某件事情，分别是谓语动作"疲れました""笑いました""身体が温まり過ぎている"产生的原因。

（49）もう**派遣は疲れました**。働く気力がなくなってしまい今は希望が持てません。（我厌倦了派遣工作。我已经失去了工作的意愿，现在我已经不抱希望了。）（BCCWJ 语料库，Yahoo! 知恵袋 2005）

（50）坊主→カツラネタでのゆっちと仁くんの**掛け合いは笑いました**！何だか、テンポが良くなってる～!!（玉琪和仁君关于光头假发故事的对话让我捧腹大笑！不知怎么的，节奏越来越好了～!）（BCCWJ 语料库，Yahoo! ブログ 2008）

（51）良くないと言われたから理由を考えたのですが、**お湯上がりは**まだ身体が**温まり過ぎている**し、水気も付いていますから、それを風を当て急激に冷やすと水分の蒸発も加わり気化熱の原理で体温を落とし体力の無い人は風邪を引くのと違いますか？（我想了想原因，因为有人说这样不好，洗完热水澡后，身体还太温暖湿润，如果把身体暴露在风中迅速降温，水分的蒸发和汽化热原理会使体温下降，没有体力的人就会着凉，不是吗？）（BCCWJ 语料库，Yahoo! 知恵袋 2006）

其次是表示具体物的 NP 充当话题的句子，共有 32 例。在下面几个例句中，表示具体物的"湯船"（澡盆）、"お酒"（酒）、"無知蒙昧な一般動物"（无知的一般动物）分别是谓语动作"温まる"（暖和）、"太る"（发胖）、"困る"（困扰）产生的原因。

（52）そこで質問です。1 湯船の中でベビーの体などを洗うんですか？それとも洗い場で洗って**湯船は温まる**だけですか？2 やはり 1 番風呂じゃないとダメですか？（因此，我的问题是：1. 您会在浴缸里给宝宝洗身体吗？还是在盥洗室洗，浴缸只是加热？还必须是第一次洗澡吗？）（BCCWJ 语料库，Yahoo! 知恵袋 2005）

（53）っていうか、**お酒は太る**っていうけど、お酒好きで太ってる人見たこと無い！（我的意思是，他们说喝酒会让人发胖，但我从没见过喜欢喝酒却发胖的人！）（BCCWJ 语料库，Yahoo! 知恵袋 2005）

（54）「みゅー（そんなこと、ぼくは知らないですですう）」これだから、**無知蒙昧な一般動物は困る**のだ。冒険者業界には、冒険者業界の約束ごとというものがあるのだからして。["喵……（这样的事情，我不知道）"因此，无知的普通动物让人很头疼。因为冒险家行业也有冒险家行业的行规。]（BCCWJ 语料库，友野詳 1993『天下無敵の冒険者』）

再次，话题由表示抽象物的 NP 充当的句子也不少，共有 24 例。在以下例句中，话题 NP 是由抽象物"神経質な方のクレーム"（神经质的人的投诉）、"アーチストっぽい役柄"（大艺术家的角色）、"エイジ"（人名）构成，它们分别是"困ります"（困扰）、"笑っちゃう"（笑）、"笑った"（笑）发生的原因。

（55）皆さんどうお考えですか？安ければ、フリマ程度！高額なら通販や大企業レベル！通常の常識範囲内でしょう

か…神経質な方のクレームは困りますが…（大家觉得怎么样？如果便宜，那就是跳蚤市场级别的！如果贵，那就是网购或大企业的水平！这是在常识的正常范围内……虽然神经质的人投诉让人很困扰……）（BCCWJ 语料库，Yahoo! 知恵袋 2005）

（56）彼のハードボイルドな経歴から、今回のアーチストっぽい**役柄は笑っちゃう**ね。（因为他是硬汉背景，所以他的这个大艺术家的角色让人觉得好笑。）（BCCWJ 语料库，Yahoo! ブログ 2008）

（57）グラヴィオンチームはキャラクターが本当にきゅるるんってしてるなぁ（意味不明）ってか女子ばっかりなのよね。**エイジが女装してきたあたりは笑った**んですが（笑）…［Gravion 团队的角色真的是清一色的（不太清楚），或者说她们都是女孩。当 Age 打扮成女人来的时候，我笑了（笑）……］（BCCWJ 语料库，Yahoo! ブログ 2008）

最后，表示距离和次数的数量名词充当话题的例句非常少，分别只有1例。

（58）「（例年と）そんなに変わりないですよ。さすがに**延長十二回は疲れます**けど…」と笑うだけ。竜打線にとっては頼もしい6番打者だ。["（与往年）没什么不同。我打了12局加赛之后很累，但是……" 只是笑了笑。对龙打线来说他是可靠的6号打者。]（BCCWJ 语料库，Yahoo! ブログ 2008）

（59）さすがに往復430**キロは疲れた**あこの時ほどドコデモドアが欲しいと願った事はなかった。（往返430公里后，我已经很累了，我从来没有像此时这样希望有一扇随意门。）（BCCWJ 语料库，Yahoo! ブログ 2008）

三、因果语义关系中的谓语 VP

首先，根据动词的语义，表示因果语域关系的"NP は VP"非逻辑语义句子中的谓语动词可以分为变化型动词和行为结果型动词。变化型动词的例句远远多于动作结果型动词的例句，前者是 92 例，后者只有 6 例（见表 3－4）。

表 3－4　因果语域关系中变化型动词和行为结果型动词的占比

	例句数（例）	占比（%）
变化型动词	92	93.9
行为结果型动词	6	6.1

当谓语动词是变化型动词时，又可以将其分为表达有情物生理和心理变化的动词、表达无情物本身自然变化的动词、表示由外界条件诱发而产生变化的动词这三种类型。

表 3－5　因果语义关系中变化型动词各个类型的占比

	例句数（例）	占比（%）	动词例子
表达有情物生理和心理变化的动词	72	78.3	困る、悩む、疲れる、泣く、笑う、酔う
表达无情物本身自然变化的动词	19	20.7	縮む、太る、醒める、照る
表示由外界条件诱发而产生变化的动词	1	1	なる

由表 3－5 可知，表达有情物生理和心理变化的动词最多，总共有 72 例，占总数的 78.3%。比如：

（60）プレゼント貰っても電話しても結構。だが、**事後報告は困る**。（如果你收到礼物或打了电话，这没什么。但不要事后报告。）（BCCWJ 语料库，島田あやか 2002『銀座日記』）

（61）「（例年と）そんなに変わりないですよ。さすがに**延長十二回は疲れますけど…**」と笑うだけ。["（与往年）没什么不同。我打了 12 局加赛之后很累，但是……"只是笑了

笑。对龙打线来说他是可靠的 6 号打者。〕（BCCWJ 语料库，Yahoo! ブログ 2008）

（62）そしてまた次の単位へってなるんですが、1 単位毎の小テストはまだ何とか 90 点前後をキープしてるんですが、3 単位毎の小テストになると 80 点前後に下がるんですよね（泣）だから**課題提出は泣きそう**。〔然后又进入下一个单元，但每个单元的小测验我还能保持在 90 分左右，但到了三个单元的小测验时，分数就降到了 80 分左右（哭），所以要交作业时我就哭。〕（BCCWJ 语料库，『増補版現代短歌全集』2002）

（63）彼のハードボイルドな経歴から、今回のアーチストっぽい役柄は笑っちゃうね。（因为他是硬汉背景，所以他的这个大艺术家的角色让人觉得好笑。）〔BCCWJ 语料库，Yahoo! ブログ 2008〕

表达无情物本身自然变化的动词可以是"縮む"（缩小）、"太る"（变胖）、"醒める"（觉醒）、"照る"（照耀）等，比较少，只有 19 例。比如：

（64）丈つめしてから洗うんでしょうか? またどれくらい縮むのですか? **お湯洗いは縮みます**? （加长后必须清洗吗? 缩水程度如何? 用热水洗会缩水吗?）（BCCWJ 语料库，Yahoo! 知恵袋 2005）

（65）「いや、貴公には困ったぞ。昨日の夕方から一晩中、ぐうぐう寝ていて、放って帰るわけにもいかず、仕方がないから、皆を帰して、俺が夜中、貴公の番をしていたのだ。**酒は醒めてしまうし**、腹は減るし…さあ、立て」（"不，你让我感到困扰。从昨天傍晚开始，你整晚都睡得很香，我不能让你一个人睡，只好让大家都回家，晚上看着你。你酒也清醒了，肚子饿了……现在，起来吧。"）（BCCWJ 语料库，小

島英熙 2002『山岡鉄舟』）

（66）水城高校ゴルフ部では、OBも参加するコンペがあってボクも毎年参加していますが、さすがに**その頃のことは照れくさくて**、先生もボクも一切その当時のことに触れないようにしているんです。（水城高中高尔夫俱乐部有校友也参加的比赛，我每年都参加，但不好意思说起那段日子，所以我和老师都完全不提那段日子。）（BCCWJ语料库，片山晋吴2003『主役』）

（67）先日 私が「ダイエット中なので甘いもの断ちしている」という話をしたところ**アイスクリームは太らない**？というようなご説明を頂いたのですがとても興味があるお（有一天，我提到我在节食，所以正在减少甜食的摄入，你说冰激淋不会让人发胖？我对你的解释很感兴趣。）（BCCWJ语料库，Yahoo! 知恵袋2005）

表示由外界条件诱发而产生变化的动词是"なる"（变得），只有1例。比如：

（68）**早起きは眠くなる**のも早い 朝起きてから出勤まで、どれくらいの時間がかかるか、というアンケート調査の結果、もっとも多かった。（早起的人入睡也更快。调查中最常见的结果是早上起床和上班需要多长时间。）（BCCWJ语料库，Yahoo! ブログ2008）

当谓语动词是行为结果型动词时，表示因果语义关系的句子只有6例，动词分别是"温まる"（暖和）、"溜まる"（积存）、"暖まる"（温暖）这3类。比如：

（69）カフェで飲んだ**ホットワインは**、体の芯までポカポカに**温まる**のでスタッフもみんな病みつきに。（咖啡馆里

喝的热酒让人浑身暖洋洋的,所有员工都沉迷其中。)(BCCWJ 语料库,『Oggi』2003 年 5 月号)

(70) **急性中耳炎は**、鼓膜内に**膿が溜まります**。(急性中耳炎会导致鼓膜积脓。)(BCCWJ 语料库,Yahoo! 知恵袋 2005)

(71) おにぎりのお供は豚汁うどん。**味噌味は暖まる**ですぅぅ〜♪これからの季節は味噌の需要が多くなりそうです。(饭团配上猪肉味噌汤乌冬面。味噌口味的乌冬面让人倍感温暖……♪接下来的季节,味噌的需求量可能会很大。)(BCCWJ 语料库,Yahoo! ブログ 2008)

在这几个句子中,话题 NP "ホットワイン"(热红酒)、"急性中耳炎"(急性中耳炎)、"味噌味"(味噌味道)是后面谓语产生的原因。

然后,根据动词的具体类型,表示因果语义关系的"NP は VP"非逻辑语义句子中的谓语动词可以分为以下 13 类(见表 3−6)。

表 3−6 表示因果语域关系的"NP は VP"非逻辑语义句子中谓语动词的具体类型

动词	数量(例)	占比(%)
困る	48	49
太る	16	16.3
疲れる	13	13.3
笑う	6	6.1
温まる	3	3.1
悩む	3	3.1
泣く	2	2
溜まる	2	2
縮む	1	1
醒める	1	1
酔う	1	1
照れる	1	1
暖まる	1	1

第一,在这些动词中,"困る"(困扰)是 48 例,占了将近一半。与"困る"(困扰)对应的话题 NP 可以是表示事情的名词,也可以是

表示抽象物或者具体物的名词。比如：

（72）スーパーなどでは品物の値段表示があるが普通の店での**買物は困る**。特に薬局で薬を買う時など本当に困ってしまう。［（超市里会显示商品价格，但在普通商店购物却不容易。）］（BCCWJ 语料库，中野善達、伊東雋祐 1999『新手話を学ぼう』）

（73）でも、だからといって**面白くない本は困ります**。本棚に並べて保存するにはいまひとつだけど、今すぐに捨てるには勿体ない…（但是，虽说这样，但是无趣的书让人很困扰。把它们放在书架上不太好，但是把它们扔掉又很可惜。）（BCCWJ 语料库，Yahoo! ブログ 2008）

（74）「相談ごとだが話を聞いてくれるかい」「**長い話は困ります**よ。座敷もあることだし、手短に話して下さいよ」（"我有事要和你商量，你能听我说吗？""长篇大论会让我很困扰，还要宴客，所以请长话短说。"）（BCCWJ 语料库，川崎龍太郎 2002『人情深川恋物語』）

第二，谓语动词是"太る"（发胖）的例句也不少，占了 16.3%。与之对应的话题 NP 主要是表示具体物的名词。比如：

（75）お茶と一緒に食べた時と吸収されるカロリーは異なりますから、**アルコールは太る**、といっても差し支えないでしょう。（可以肯定地说，酒会让人发胖，因为与茶一起食用时吸收的热量是不同的。）（BCCWJ 语料库，Yahoo! 知恵袋 2005）

（76）**ビールは太らない**ということを、耳にしたのですが、ほんとうですか？（我听说啤酒不会让人发胖，这是真的吗？）（BCCWJ 语料库，Yahoo! 知恵袋 2005）

第三,"疲れる"(累)构成谓语动词的例句占了13.3%。表示事情、抽象物、具体物、次数和距离的名词都可以出现在话题NP处。

(77) 悪い人ではないでしょうが、親切の**押し売りは疲れてしまいます**。(虽然不是坏人,但是亲切的强买强卖已经让人感到厌倦。)(BCCWJ语料库,Yahoo!知恵袋2005)

(78) それにしてもいつも**議会は疲れます**、緊張の連続です。議会関係者の皆さんに大変お世話になりました。(期待着对支持该建议的论点进行深入探讨。不过,大会总是令人疲惫和紧张的。我非常感谢参会的所有成员。)(BCCWJ语料库,Yahoo!ブログ2008)

(79) 私のような中年の肥満体になると、麻雀はかなり疲れがはげしい。この点、**ポーカーは疲れなくて**よろしい。(像我这样肥胖的中年人,打麻将很累。在这方面,扑克不累。)(BCCWJ语料库,色川武大2003『色川武大・阿佐田哲也エッセイズ』)

第四,"酔う"(醉)、"縮む"(缩小)、"醒める"(苏醒)等动词的占比较少。

(80) あと深夜バスとか言いながら、午前1時前には走ってない(終了してる)のは納得できん。結局、**バスは酔う**から嫌い。[我也不明白为什么他们称其为深夜巴士,但在凌晨1点之前却不运行(或者已经结束)。结果,我讨厌巴士,因为我会晕车。](BCCWJ语料库,実著者不明2005週刊ゴング)

(81) 丈つめしてから洗うんでしょうか?またどれくらい縮むのですか?**お湯洗いは縮みます**?(加长后必须清洗吗?缩水程度如何?用热水洗会缩水吗?) (BCCWJ语料库,Yahoo!知恵袋2005)

（82）「いや、貴公には困ったぞ。昨日の夕方から一晩中、ぐうぐう寝ていて、放って帰るわけにもいかず、仕方がないから、皆を帰して、俺が夜中、貴公の番をしていたのだ。**酒は醒めてしまう**し、腹は減るし…さあ、立て」[("不，你让我感到困扰。从昨天傍晚开始，你整晚都睡得很香，我不能让你一个人睡，只好让大家都回家，晚上看着你。你酒也清醒了，肚子饿了……现在，起来吧。"]（BCCWJ 语料库，小島英熙 2002『山岡鉄舟』）

四、总结

本节以谓语动词为自动词的"NPはVP"非逻辑语义句为研究对象，对该句中的主题 NP 的特点、主题 NP 与谓语 VP 的语义关系进行了考察。

关于句中主题 NP 的特点，研究发现，当谓语动词是自动词时，"NPはVP"非逻辑语义句的话题 NP 可以分为时间名词、状况名词、事物名词、程度名词、数量名词、场所名词六大类。不过，当谓语动词是变化型或者结果型自动词的时候，话题 NP 可以是时间名词、场景名词、事物名词、程度名词、数量名词或者场所名词。当谓语动词是动作型自动词或者状态型自动词的时候，话题 NP 不能是事物名词，只能是时间名词、状况名词、程度名词、数量名词、场所名词五类。

关于主题 NP 与谓语 VP 的语义关系，研究发现当谓语动词是自动词时，在"NPはVP"非逻辑语义句中话题 NP 与 VP 的语义关系可以分为限定语义关系和因果语义关系两大类。所谓限定语义关系，就是指话题 NP 对谓语动作 VP 进行限定的关系。根据限定的具体内容，可以将限定语义关系细分为时地关系、数量关系和场景关系。因果语义关系是指话题 NP 与谓语 VP 是原因和结果的关系，即谓语 VP 的发生是由话题 NP 引起的。话题 NP 主要由事物名词和数量名词构成。

第二节　汉日语鳗鱼句的句法语义特点

无论在汉语"N1 是 N2"的句子中，还是在日语"N1 は N2"的句子中，都存在着语义不合常规的"不合逻辑"句。比如：

(83) 宝玉明知黛玉是这个缘故。（王力，1985）
(84) 他是个日本女人。（赵元任，1979）
(85) 沙发是小李，柜子是小张。（王珲，2023）
(86) 僕はウナギだ。（我是鳗鱼。）（奥津，1978）
(87) 北海道は札幌ビールだ。（北海道的话是札幌啤酒。）（Yagihashi，2009）
(88) この臭いはプロパンガスだ。（这个臭味应该是煤气的。）（谷守，2017）

在这些句子中，N1 和 N2 之间并不是等同、归类、存在的语义关系，笔者将这样的句子称为"鳗鱼句"。本节将以从前人的研究中收集到的汉语鳗鱼句"N1 是 N2"和日语鳗鱼句"N1 は N2"的例句为研究对象，从句法特征和语义特征的角度对其进行考察。

一、日语鳗鱼句研究

关于日语鳗鱼句的产出机制，学界众说纷纭。奥津（1978）认为之所以产生日语鳗鱼句，是因为发生了"述部の代用"（谓语代用）。具体来说就是"だ"代替了句子中的动词短语（如图 3−1 所示），"僕はウナギだ"是从"僕はウナギを食べる"演变而来的，在该过程中，"だ"代替了"食べる"。

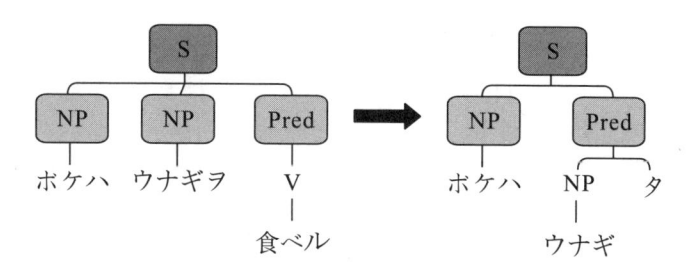

图 3-1 从"僕はウナギを食べる"到"僕はウナギだ"的演变（奥津，1978：32）

坂原（1990）将例（91）称为"同定文"（同定句），认为经过例（89）→例（90）→例（91）的演变，形成了例（91）这样的鳗鱼句。

（89）私が注文したのは、うなぎだ。（我点的是鳗鱼。）
（90）私は、注文したのは、うなぎだ。（我点的是鳗鱼。）
（91）私は、うなぎだ。（我是鳗鱼。）

在例（89）→例（90）的过程中，"私が"经过话题化转变成"私は"，然后"注文したのは"被省略了，最终得到了例（91）。

陈访泽（1997）认为日语鳗鱼句主要从分裂句变化而来。

（92）ぼくがウナギを注文する→ぼくが注文するのはウナギだ→注文するのは僕はウナギだ→ぼくはなぎだ。（我点了鳗鱼→我点的是鳗鱼→点的话，我是鳗鱼→我是鳗鱼）（陈访泽，1997）

分裂句通过两次主题化和第一个主题的省略之后，最终形成了鳗鱼句。

西山（2003）把日语鳗鱼句归为"コピュラ文"（系词句）的一种，主张谓语表示的是话题的性质和属性，并认为例（93）表示了"ぼくはウナギだ"（我是鳗鱼）的逻辑语义。

（93）ぼくは、φ（の）はウナギだ。（西山，2003）

这里的 φ 是一个变量，会随着语境的不同而不同。如果是在点餐的时候，φ 可以是"注文料理"（点的餐）；如果是在野外写生的时候，φ 可以是"写生对象"（写生的对象）。

关于日语鳗鱼句的分类，首先，陈访泽、严觅知（2010）根据有无标记，将日语鳗鱼句分为"标记依存型"和"无标记依存型"（如图3-2所示）。然后，根据后续格助词在理解语义时所发挥的作用的大小，将"标记依存型"分为"明示型鳗鱼句"和"暗示型鳗鱼句"；根据依赖百科知识还是语境将"无标记依存型"分为"百科知识依存型"和"纯语境依存型"。接着，进一步根据话题和谓语之间的关系，将"百科知识依存型"分为"包含型鳗鱼句"和"非包含型鳗鱼句"；根据是否只能依赖语境解读语义，将"纯语境依存型"分为"疑似型鳗鱼句"和"标准型鳗鱼句"（如图3-2所示）。

```
                          ┌─明示型鳗鱼句
             ┌─标记依存型──┤
             │            └─暗示型鳗鱼句
             │                          ┌─包含型鳗鱼句
日语鳗鱼句──┤            ┌─百科知识依存型─┤
             │            │              └─非包含型鳗鱼句
             └─无标记依存型┤              ┌─疑似型鳗鱼句
                          └─纯语境依存型──┤
                                         └─标准型鳗鱼句
```

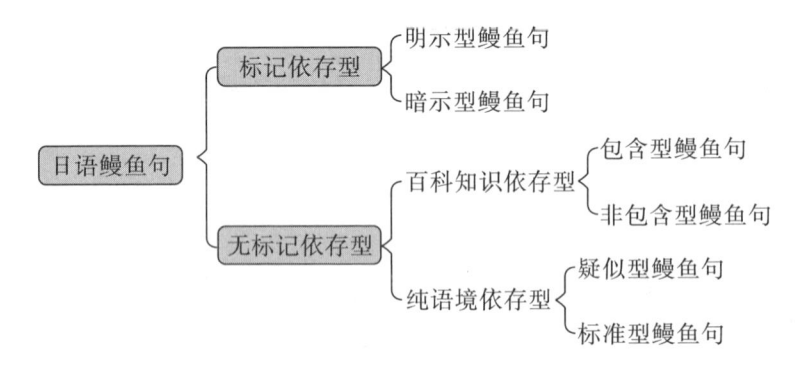

图 3-2　陈访泽、严觅知（2010）的日语鳗鱼句分类

（94）明示型鳗鱼句

電話はほとんど彼氏とです。[①]（电话的话基本上都是和他打。）（陈访泽、严觅知，2010）

（95）暗示型鳗鱼句

今日のランチは、蟹屋さんに行きました。前回は母と行ったので、今度は妹とです。（今天午饭的话，去蟹屋。上次和妈妈去的，所以这次和妹妹去。）（陈访泽、严觅知，2010）

[①] 本书只对谓语是 N 的句子进行考察，因此例（94）并不是本书的研究对象。

(96) 包含型鳗鱼句

春は曙、夏は夜。（春天的话是白天，夏天的话是晚上。）（陈访泽、严觅知，2010）

(97) 非包含型鳗鱼句

源氏物語は紫式部だ。（源氏物语是紫式部。）（陈访泽、严觅知，2010）

(98) 疑似型鳗鱼句

A：鈴木さんはお子さんがもう高校生ですが、太郎さんはどうですか。（铃木的话，孩子已经是高中生了，那么太郎怎么样？）

B：太郎さんは大学生です。（太郎的话是大学生。）（陈访泽、严觅知，2010）

(99) 标准型鳗鱼句

A：わたしはナマズを釣りたい。（我想钓鲇鱼。）

B：僕はウナギだ。（我是鳗鱼。）（陈访泽、严觅知，2010）

陈访泽、黄怀谷（2015）从经济性的角度，"根据 A/X 和 B/Y 之间的关系"和汉语鳗鱼句，将日语鳗鱼句分为以下三类（如图 3-3 所示）：

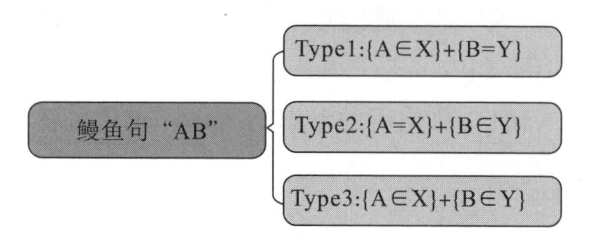

鳗鱼句"AB"
- Type1: {A∈X} + {B=Y}
- Type2: {A=X} + {B∈Y}
- Type3: {A∈X} + {B∈Y}

图 3-3　陈访泽、黄怀谷（2015）的日语鳗鱼句分类

由上可知，学者们围绕日语鳗鱼句的产生机制和分类进行了广泛的研究，但关于日语鳗鱼句中 N1 句法的语义特点、N2 句法的语义特点的专题研究则罕见。

二、汉语鳗鱼句研究

目前为止，关于汉语鳗鱼句的研究不多，主要围绕鳗鱼句的分类和鳗鱼句语义的产生原理展开讨论。

袁晓今（2020）从鳗鱼句是叙述句还是疑问句的角度，将鳗鱼句分为以下几类（如图3-4所示）。

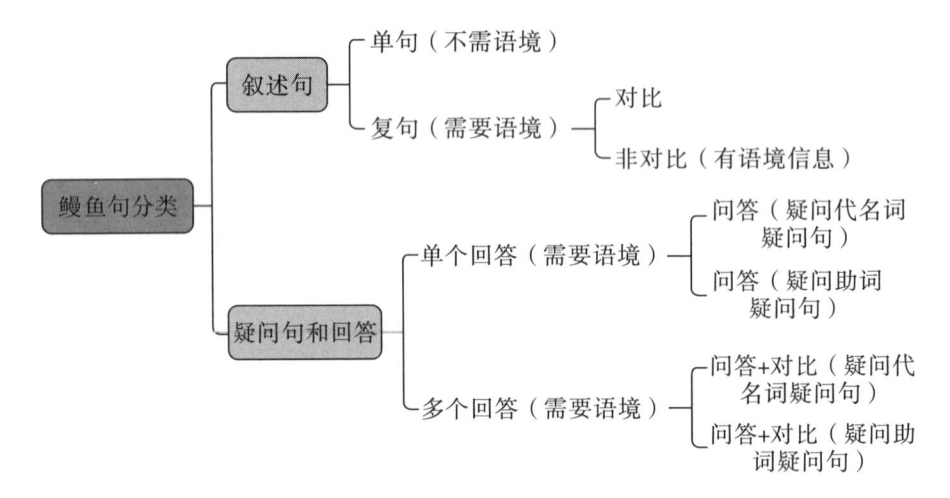

图 3-4　袁晓今（2020）对鳗鱼句的分类

陈访泽、黄怀谷（2015）从经济性的角度出发对鳗鱼句进行了分类，提出单纯从语言经济性来看，鳗鱼句"A是B"是"X（是）Y"简化后的形态。"'X'是变成鳗鱼句前的完整句中谓语中"位于"是"之前的部分。如例（100）是"A是B"，例（101）是"X（是）Y"，例（100）是例（101）简化后的形态。所以，这里的A是"美国"，X是"到美国留学"。

（100）美国是孟晓骏的家族遗传。（电影《中国合伙人》，转引自陈访泽、黄怀谷，2015）

（101）到美国留学是孟晓骏的家族遗传。（陈访泽、黄怀谷，2015）

"'Y'是变成鳗鱼句前的完整句中谓语中"位于"是"之后的部

分。如例（102）中的"征兵队是包抄战术"是"A 是 B"，例（103）是"X（是）Y"，例（102）是例（103）简化后的形态。所以，这里的 B 是"包抄战术"，Y 是"采用包抄战术"。

（102）A：我不要现在就死掉啊。我不要啊。闪～。
　　　 B：没用的。征兵队是包抄战术。（动画电影《3 小强》，转引自陈访泽、黄怀谷，2015）
（103）征兵队是采用包抄战术。

陈访泽、黄怀谷（2015）"根据 A/X 和 B/Y 之间的关系"将鳗鱼句也分为三类（如图 3-5 所示）：

鳗鱼句"A是B"
- Type1: {A∈X}+{B=Y}
- Type2: {A=X}+{B∈Y}
- Type3: {A∈X}+{B∈Y}

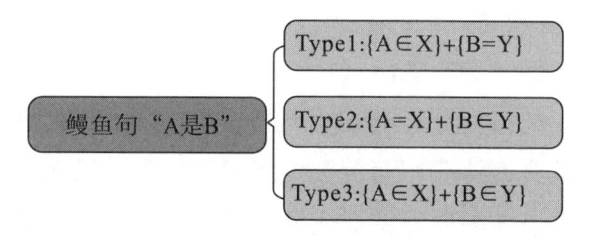

图 3-5　陈访泽、黄怀谷（2015）中鳗鱼句"A 是 B"的分类

与 Type1、Type2、Type3 对应的句子分别为例（100）、例（102）、例（104）。

（104）——那你的画在国外能卖多少钱呀？
　　　——也卖不了多少钱，三万五万。不过，彭哥哥的画是美金哦。（电影《墙上的女人》，转引自陈访泽、黄怀谷，2015）

黄增寿、罗婉君（2021）根据"是"前后成分的语义关联，将非等同与归类义的下面几个"N1 是 N2"句分为三类。

（105）一份客饭是五块钱。（黄增寿、罗婉君，2021）
（106）火车从北京开出是早上五点。（黄增寿、罗婉君，2021）

(107) 这小孩是黄头发。（黄增寿、罗婉君，2021）

(108) 这张桌子是三条腿。（黄增寿、罗婉君，2021）

(109) 我是日本太太。（黄增寿、罗婉君，2021）

(110) 他是协和医院，我是同仁医院。（黄增寿、罗婉君，2021）

(111) 我是炸酱面，他是冷面。（黄增寿、罗婉君，2021）

例（105）和例（106）"是第一类，表达最具联想性特征"（黄增寿、罗婉君，2021：89），简称常规特征。例（105）"说明'一份客饭'的价格，因为'客饭'属于商品，其最具联想性的概念是价格，因此说明其价格就是说明其常规特征；火车的出发时间是火车最具联想性的概念"（黄增寿、罗婉君，2021：89），所以例（106）也属于第一类。

例（107）、例（108）、例（109）"是第二类，表达另类特征"（黄增寿、罗婉君，2021：89）。在例（107）中，"对于中国孩子来说，黑发（黑头发）是典型特征，而黄头发就显得另类。虽然从个体来说，黄头发可能是这个小孩的典型特征或显著特征，但是从群体来说，黄头发就是另类特征"（黄增寿、罗婉君，2021：89）。在例（108）中，"典型的桌子是四条腿，三条腿或者表示造型独特，或者表示有损坏而少了一条腿。无论哪种意义，都属于另类特征"（黄增寿、罗婉君，2021：89）。在例（109）中，"中国人娶日本女人为妻的情况微乎其微，属于另类特征"（黄增寿、罗婉君，2021：89）。

例（110）和例（111）"是第三类，表达曲折特征"（黄增寿、罗婉君，2021：89）。例（110）的"协和医院"和"同仁医院"，其"所指不太明确，最可能指工作单位。用工作单位对'他'和'我'进行说明，当然是比较曲折的，属于曲折特征"（黄增寿、罗婉君，2021：89）。例（111）"意义也不太明确，最有可能的意义是对'我'和'他'要吃什么进行的说明，用临时吃什么来说明人的特征当然属于曲折特征"（黄增寿、罗婉君，2021：89）。

沈家煊（2008：387）对鳗鱼句语义的产生原理进行了研究，主张鳗鱼句的生成方式"不是派生而是复合，不是移位而是类推，类推是通

过两种表达式的糅合来实现的。这类句子属于一种独立的句式，表达一种独有的'移情'义——主观认同，这种意义属于糅合产生的'浮现意义'"。"所谓'移情'（empathy），就是'说话人将自己认同于……他用句子所描写的事件或状态中的一个参与者'（kuno，1987：26）。'我是日本太太'是说话人'我'直接移情于自己的太太，把自己和太太等同起来。'他是美国太太'则是说话人首先移情于主语'他'，设身处地地替'他'着想，'他'会移情于他的太太，于是把'他'和他的太太等同起来。"（沈家煊，2008：390）"说话人不仅可以移情于人，还可以移情于物。'我是同仁医院'和'他是协和医院'就是移情于物的情形"（沈家煊，2008：390）。

张和友、邓思颖（2010）首先认为特异"是"字句要归入一般话题句。这是因为有两条重要的理据：第一，"凡特异'是'字句能说的，对应的一般话题句都能说（空主语不能实现为显性式的除外）"（张和友、邓思颖，2010：21）；第二，"凡一般话题句不能成立的，对应的特异'是'字句都不能说，或出现语义偏离"（张和友、邓思颖，2010：21）。基于此，张和友、邓思颖（2010）主张"特异'是'字句实际上是一种以空主语 e 为述谓（predication）对象，以前项 X 为话题的句子，不妨称为话题类系词句"。"在 e 实现为显性名词短语的话题句中，'是'在显性名词短语跟后项之间建立'成素—类'的语义关联，'是'仍是普通系词；如果 e 无法实现为显性名词短语，则'是'的系词性只存在于逻辑结构中，特异'是'字句的出现源于空主语 e 的存在。这样，在表层结构中，由于空主语 e 的出现，'是'就成为只表达说话人主观断定的成分，而表达'成素—类'语义关系的功能在表面上被掩盖着。"（张和友、邓思颖，2010：22）

董秀芳（2012）认为："以领有者转指整个领属结构的领属转喻造成了汉语中特殊的'是'字句。""表面上不合逻辑的句子实际上是领属转喻的认知机制在汉语语篇中运作的结果，在句法层面看来似乎无规律，但放到语篇层面就是有规律的了。"比如"'他是一个日本女人'中的'他'在不同的语境中也可以解读为'他的太太''他的女朋友''他的老板''他的研究生'等，其解释在一定程度上说可以是开放的。这是因为

'他'在'他是一个日本女人'这样的句子中是一种转喻用法,转指'他的 X'这一领属结构,而 X 的具体所指由语境决定,与语境中的话题所指相同。这种转喻就属于以领有者转指整个领属结构的转喻。"

曾骞(2013)对张和友、邓思颖(2010)的"句法空主语"说提出了质疑,认为"不合逻辑"系词句和系词的主观化有关。"不合逻辑的系词句体现说话人对相关的人或事物的'移情',因此具有较强的'主观性'"(曾骞,2013:73—74)。"'不合逻辑'的系词句虽然不合客观事理的逻辑,但是完全合乎语言表达的逻辑,因此说话人在表达的时候不可避免地会或多或少带上自己的'印记',表现自己的视角、态度和情感(沈家煊,2001)。汉语'主语就是话题',主语和谓语语义结构松散地特性为此类句式的存在提供了语法空间,高度主观化的系词'是'又促成了它表达主观化意识的功能实现。因为那些越是虚化,越是主观化的语法成分,越容易成为说话人的'印记'。"(曾骞,2013:74—75)

霍四通(2019)认为汉语中的鳗鱼句表示对应或映射关系的借代关系句。"所谓借代关系,就是一种基于特定认知框架的对应关系。""借代关系总是借助语境来实现的。""借代关系不是等同关系或同一关系,它只表示对应关系或映射关系。"

由此可知,学者们围绕汉语鳗鱼句的分类和鳗鱼句语义的产生原理展开了丰富的讨论。尽管如此,但是并未发现关于汉语鳗鱼句中 N1 的句法特点和语义特点、N2 的句法特点和语义特点的专题研究。

因此,本书将以从先行研究中收集到的汉语鳗鱼句"N1 是 N2"和日语鳗鱼句"N1 是 N2"的例句为研究对象,分别对其句法特征和语义特征进行考察,并考察两种语言中鳗鱼句的异同点。

三、N1 的句法特点

首先根据 N1 由词还是短语构成,将鳗鱼句分为 N1 是词的例句和 N1 是短语的例句。

表 3-7　N1 是词的例句和 N1 是短语的例句的数量情况

	汉语鳗鱼句		日语鳗鱼句	
	例句数量（例）	占比（%）	例句数量（例）	占比（%）
N1 是词	141	80.6	66	82.5
N1 是短语	34	19.4	14	17.5

（一）词

当 N1 是词时，在汉语鳗鱼句中 N1 分为代名词、普通名词和专有名词（见表 3-8）。

表 3-8　N1 是词时例句的分类

	例句数量（例）	占比（%）
N1 是代名词	78	55.3
N1 是普通名词	34	24.1
N1 是专有名词	29	20.6

在日语鳗鱼句中，除了代词、普通名词和专有名词，N1 还可以由复合名词充当（见表 3-9）。

表 3-9　N1 是词时例句的分类

	例句数量（例）	占比（%）
N1 是代名词	30	45.5
N1 是普通名词	18	27.3
N1 是专有名词	16	24.2
N1 是复合名词	2	3

代名词一般可以分为人称代名词、指示代名词和疑问代名词。不过，在这些汉日鳗鱼句中，N1 都是由人称代名词构成的。这些人称代名词又可以细分为第一人称、第二人称和第三人称。比如：

（112）你们是知识分子的语言，他们是人民大众的语言。（刘月华等，2004）

（113）我是鳗鱼饭。（王珲，2023）

(114) 他是个日本女人。（赵元任，1979）

(115) A：投げる！1球でも！！（投！即使是一个球！！）

B：僕は10球で…（我是10个球……）

A：あ!？俺は15球だ。（啊!？我是15个球）（黄怀古，2018）

(116) 君はかわいい目だな。（你的话是可爱的眼睛。）（新妻，2020；引自山本，2006）

(117) 彼は肺がんだ。（他是肺癌。）（奥津，1978）

与N1是代名词的例句相比，N1是普通名词的例句较少。汉语鳗鱼句只有34例，日语鳗鱼句只有18例。比如：

(118) 小笼包是红衣服。（王珲，2023）

(119) 沙发是小李，柜子是小张。（王珲，2023）

(120) 星期一是《泛美之旅》。（王珲，2023）

(121) A：弟の太郎君は今どちらに住んでいるのですか？（弟弟太郎现在住在哪里？）

B：弟は秋田です。（弟弟是在秋田。）（高本，1996）

(122) いよいよ明日絶大な力を呼ぶ儀式を行います。満月は明日の夜8時13分。その2時間前に開かずの間に、準備、集合、リハーサルを行います。OK？（最后，明天将举行仪式，呼唤无穷的力量。满月时间是明晚8点13分。我们将在开幕前两小时进行准备、集合和排练，好吗？）（陈访泽、黄怀古，2015）

(123) A：転入試験の成績もすごくいいんですよ！（转学考试成绩真好啊！）

B：そりゃインチキだな。（这是作假了吧。）

C：失礼な。試験は実力だぞ。（真失礼。考试是用实力的。）（陈访泽、黄怀古，2015）

关于专有名词，在汉日鳗鱼句中，其数量分别为 29 例和 16 例。

(124) 艾滋病就是死亡。（曾骞，2013）

(125) 四川是老王，西藏是老张。（王珲，2023）

(126)《新闻联播》是晚上，《朝闻天下》是早上。（王珲，2023）

(127) A：鈴木さんはお子さんがもう高校生ですが、太郎さんはどうですか。（铃木的孩子已经是高中生了，太郎的孩子呢？）

B：<u>太郎さんは大学生です</u>。（太郎是大学生。）（石玥，2022）

(128) A：海南を倒して、全国へ行く。（打到海南，挺进全国。）

B：そうだ。仙道は俺が倒す。（是啊，仙道我来打到吧。）

A：<u>仙道は陵南だ</u>！（仙道是陵南人！）（陈访泽、黄怀古，2015）

(129) 源氏物語は紫式部です。（源氏物语是紫式部。）（陈访泽、黄怀古，2015）

最后，在日语鳗鱼句中，复合名词充当 N1 的例句最少，只有两例。"プロ野球"（专业棒球）是由名词和名词构成的复合名词，"千歳空港発"（千岁机场出发）是由名词和接尾词构成的派生词。比如：

(130) プロ野球はジャイアンツだ。（职业棒球是巨人队。）（奥津，1978）

(131) 問題のスーパー特急「おおぞら 9 号」は、札幌発十六時二八分、千歳空港発は十六時五八分である。（超快"青空 9 号"札幌发车时间是 16 点 28 分，千岁机场发车时间是 16 点 58 分。）（陈访泽、黄怀古，2015）

（二）短语

当 N1 是短语时，汉语鳗鱼句可以分为三大类：一是"修饰语＋名词"构成 N1 的例句，共有 31 例；二是无中心语的修饰语构成 N1 的例句，有两例；三是"名词＋和＋名词"构成 N1 的例句，只有 1 例（见表 3-10）。

表 3-10　N1 是短语时例句的分类

	例句数量（例）	占比（%）
"修饰语＋名词"构成 N1	31	91.2
无中心语的修饰语构成 N1	2	5.9
"名词＋和＋名词"构成 N1	1	2.9

日语鳗鱼句可以分为两类：一是"修饰语＋名词"构成 N1 的例句，共有 11 例；二是"名词＋动词＋名词"构成 N1 的例句，有 3 例（见表 3-11）。

表 3-11　N1 是短语时例句的分类

	例句数量（例）	占比（%）
"修饰语＋名词"构成 N1	11	78.6
"名词＋动词＋名词"构成 N1	3	21.4

可以发现两者的共同点是都有"修饰语＋名词"构成 N1 的例句。不过，由无中心语的修饰语或者"名词＋和＋名词"形式构成 N1 的例句只在汉语鳗鱼句中存在，而"名词＋动词＋名词"构成 N1 的例句只在日语鳗鱼句中存在。

1. 汉语鳗鱼句中"修饰语＋名词"构成 N1 的情况

当 N1 是"修饰语＋名词"时，根据修饰语的类型，汉语鳗鱼句可以细分为 8 类（见表 3-12）。

表 3-12　N1 是"修饰语＋名词"时汉语鳗鱼句的分类

	例句数量（例）	占比（%）
修饰语＝名词	13	41.9

续表3-12

	例句数量（例）	占比（%）
修饰语=～+量词	10	32.3
修饰语=代词	2	6.5
修饰语=指示词	2	6.5
修饰语+动词	1	3.2
修饰语=形容词	1	3.2
修饰语=介词短语	1	3.2
修饰语=数词	1	3.2

当修饰语由名词充当时，汉语鳗鱼句有 13 例，其又可以分为"名词+的+名词"和"名词+名词"两大类。在例（132）～例（135）中，N1 都是由"名词+的+名词"构成的。

（132）中国最近的水灾是 1998 年，最近的雪灾是 2007 年。（张和友、邓思颖，2010）

（133）A：那你的画在国外能卖多少钱呀？

B：也卖不了多少钱，三万五万。不过，彭哥哥的画是美金哦。（陈访泽、黄怀古，2015）

（134）新中国的诞生是马列主义、毛泽东思想的伟大胜利。（吕叔湘，1999）

（135）蒙娜丽莎的微笑是新时代新人物的自信和乐观。（曾骞，2013）

在例（136）～例（139）中，N1 都是由"名词+名词"构成的。

（136）北京奥运会是 2008 年，伦敦奥运会是 2012 年。（李梦晗、冯学锋，2015）

（137）四川大地震是 2008 年。（曾骞，2013）

（138）日本丰田是老张，日本本田是老王。（王珲，2023）

（139）阳历七月是最热的天气。（吕叔湘，1999）

当"~+量词"充当修饰语时,汉语鳗鱼句的例句数量也不少,共有10例。根据量词前是指示词或者数词的情况,可以将该类句子分为"数词+量词+名词""指示词+量词+名词"和"指示词+数词+量词+名词"三大类。在例(140)~例(141)中,N1 是由"数词+量词+名词"构成的。

(140) 一号桌是牛肉面。(王珲,2023)
(141) 一个工是一块五。(李临定,1986)
(142) 可是一顿涮羊肉就是五六块。(李临定,1986)

在例(143)~例(147)中,N1 由"指示词+量词+名词"构成。

(143) 这张桌子是三条腿。(吕叔湘,1999)
(144) 这间屋子是20平米。(王宇新,2012)
(145) 这个系统是他的主意。(曾骞,2013)
(146) 他这些顾客,多是短衣。(李临定,1986)
(147) 这首诗是八行。(李临定,1986)

在例(148)中,N1 "那两套茶具"是由"指示词+数词+量词+名词"构成的。

(148) 那两套茶具都是唐山瓷。(吕叔湘,1999)

代名词、指示词构成 N1 修饰语的例句较少,分别只有两例。下面句子中的"我姐姐""我妹妹""我哥哥""俺们两个村儿"都是由"代名词+名词"构成的。

(149) 我姐姐是男孩,我妹妹也是男孩,我哥哥和弟弟都是女孩。(指他们所生的孩子)(王希杰,1990:24)
(150) 俺们两个村儿只隔一条河,可人家是拖拉机,俺们

村还是小锄头。（刘月华等，2004）

在例（151）和例（152）中，"这裤子"和"这周末"都是以"指示词＋名词"的形式构成的 N1。

(151) 这裤子是晴雯的针线。（张和友、邓思颖，2010）
(152) 这周末是周杰伦。（王珲，2023）

修饰词是数词、形容词、介词短语、动词的例句最少，分别只有 1 例。例（153）的"一班"和"二班"都是数词充当修饰语的例句。例（154）其实具有多重修饰语，它们分别是"岩床内""每一个""不太厚"，其中"不太厚"是最靠近名词的形容词修饰语。例（155）中的"从北京到武汉"由一个介词短语构成。例（156）中的 N1 "我刚才喝的那碗汤"是由"喝的"这一动词修饰语和"那碗"这一"指示词＋量词"修饰语构成的。

(153) 这次生产实习分两个地方，一班是上海，二班是杭州。（刘月华等，2004）
(154) 岩床内每一个不太厚的岩层都是火星地质史上的一个"历史事件"。（曾骞，2013）
(155) 从北京到武汉的火车票是两百元。（朱斌，2002）
(156) 小钢牙，你欠我一百二十二快一毛。我刚才喝的那碗汤是二块九毛。你吃的零食是一百一十八块一毛。离我们九千五的目标还差三块五毛。（黄怀古，2018）

2. 日语鳗鱼句中"修饰语＋名词"构成 N1 的情况

当 N1 是"修饰语＋名词"时，根据修饰语的类型，日语鳗鱼句只能细分为两类（见表 3—13）。

表 3-13　N1 是"修饰语+名词"时例句的分类

	例句数量（例）	占比（%）
修饰语=指示词	10	90.9
修饰语=动词词组	1	9.1

当修饰语由指示词充当时，还可以将鳗鱼句细分为 N1 是"この+名词"的句子、N1 是"その+名词"的句子和 N1 是"あの+名词"的句子。在例（157）～例（161）中，N1 都是"指示词+名词"的形式。比如：

（157）このジェットはサンフランシスコだ。（这架飞机是旧金山。）（奥津，1978）

（158）この臭いはプロパンガスだ。（这个臭味是煤气。）（谷守，2017）

（159）その子にはミルクだ。（那个孩子是牛奶。）（奥津，1978）

（160）あの顔色は不採用だった。（那个颜色是不采用。）（新妻，2020；引自山本，2006）

（161）3ポイントだけじゃねえ、あの人は。（不只是 3 分，那个人）（陈访泽、黄怀古，2015）

当修饰语是动词词组时，N1 可以以"Vて+の+名词"的形式存在。比如：

（162）年をとっての親孝行はやっぱりお嬢さんね。（晚年孝顺的还是你女儿。）（新妻，2020；引自山本，2006）

3. 其他情况

当 N1 只有修饰语无中心语时，汉语鳗鱼句的数量只有两例。在以下两个句子中，N1 只有修饰语"这一种""那一种""一个"，而缺乏

中心语。确定中心语需要通过上下文语境。在例（163）中，因为缺乏语境，所以无法确定 N1 的中心语；在例（164）中，前文"我们两个村子"提供了明确的语境，所以我们可以确定该句中"一个"的中心语是"村子"。

（163）这一种是五块，那一种是五块六。（郭安、张美涛，2020）

（164）我们两个村子，一个是河东，一个是河西。（吕叔湘，1999）

当 N1 由"名词＋和＋名词"充当时，汉语鳗鱼句的数量最少，只有 1 例。比如：

（165）民主和科学是社会发展的总趋势。（朱斌，2002）

上面两种情况是汉语鳗鱼句所特有的，下面这种"名词＋动词＋名词"构成 N1 的情况是日语所特有的。

（166）1足す1は2だ。（1 加 1 等于 2。）（谷守，2017）
（167）1足す1は足し算だ。（1 加 1 是加法。）（谷守，2017）

四、N1 的语义特点

根据 N1 的语义特点，可以将鳗鱼句分为 N1 是表示人的名词、表示物的名词、表示事情的名词、表示时间的名词和表示地点的名词的例句五大类（见表 3—14）。

表 3—14 根据 N1 语义特点的分类

	汉语鳗鱼句		日语鳗鱼句	
	例句数量（例）	占比（%）	例句数量（例）	占比（%）
N1 是表示人的名词	111	63.4	49	61.3
N1 是表示物的名词	41	23.4	18	22.5
N1 是表示时间的名词	10	5.7	5	6.3
N1 是表示事情的名词	9	5.1	5	6.3
N1 是表示地点的名词	4	2.3	3	3.8

关于每个种类的例句数量占比，汉语和日语非常接近。不过，按照例句的数量排序，日语鳗鱼句各个种类的顺序由多到少为 N1＝人＞物＞时间＝事情＞地点，而汉语鳗鱼句的顺序为 N1＝人＞物＞时间＞事情＞地点。

（一）N1＝人

首先，当 N1 是表示人的名词时，汉日鳗鱼句的数量最多。主要包括人称代名词、表示人名的专有名词、表示性别和亲属关系等的普通名词等。例（168）～（171）中的 N1 是表示人称的代名词。

(168) 她是宝马。（王珲，2023）

(169) 你是什么垃圾？（温爱华，2020）

(170) わたしはリンゴジュースだ。（我是苹果汁。）（奥津，1978）

(171) 彼は肺がんだ。（他是肺癌。）（奥津，1978）

例（172）～例（175）中的 N1 是表示人名的专有名词。

(172) 宝玉明知黛玉是这个缘故。（曾骞，2013）

(173) 老王是星期一。（王珲，2023）

(174) 漱石は猫で、鴎外は雁だ。（漱石是猫，鸥外是大雁。）（新妻，2020；引自山本，2006）

(175) 太郎は犬だ。（太郎是狗。）（AnteKärrman，2017）

例（176）中的"男生"和"女生"是表示性别的普通名词，例（177）和（178）中的"儿子""儿媳妇""妹"是表示亲属关系的普通名词。

(176) 入场式开始了，仪仗队里，男生是旗手，女生是军乐队。（刘月华等，2004）
(177) 他们夫妻俩都在饭店工作，儿子是厨师，儿媳妇是前台。（刘月华等，2004）
(178) A：妹さんにお子さんが産まれたそうですが、男の子ですか、女の子ですか？（听说你妹妹好像生小孩了，是男孩还是女孩？）
B：妹は男でした。（妹妹是男的。）（高本，1996）

不过，除了这些，日语鳗鱼句中的N1还可以是表示职位称呼的普通名词。比如：

(179) 今日は学長は文部省だ。（今天校长是文部省。）（奥津，1978）

（二）N1＝物

N1表示物的鳗鱼句的例句也不少，占例句总数的近四分之一。根据物是抽象的还是具体的，可以将这些例句进一步分为抽象物和具体物。具体物是指看得见、摸得着的东西；抽象物是指看不见、摸不着的东西。但是，在日语鳗鱼句中，N1是抽象物的例句数量多于N1是具体物的例句数量，汉语鳗鱼句则相反（见表3—15）。

表 3-15　根据抽象或者具体的分类情况

	汉语鳗鱼句		日语鳗鱼句	
	例句数量（例）	占比（％）	例句数量（例）	占比（％）
具体物	27	65.9	6	33.3
抽象物	14	34.1	12	66.7

根据具体物有无生命，可以将具体物细分为无生命的物体和有生命的物体。例（180）～例（183）中的 N1 是无生命的物体。

（180）窗户是新糊的纸，办公室里明亮亮。（王宇新，2012）

（181）珠穆朗玛峰是 8848 米。（王宇新，2012）

（182）このジェットはサンフランシスコだ。（这个飞机是洛杉矶。）（奥津，1978）

（183）電話はほとんど彼氏とです。（电话是基本上和他打。）（奥津，1978）

例（184）～例（187）中的 N1 是表示有生命的物体。

（184）玫瑰是绿色。（水仙是红色。）（张和友、邓思颖，2010）

（185）狐狸是一个洞。（野兔是三个洞。）（张和友、邓思颖，2010）

（186）みかんは愛媛だ。（桔子是爱媛。）（AnteKärrman，2017）

（187）ウナギは太郎だ。（鳗鱼是太郎。）（奥津，1978）

当 N1 是抽象物时，抽象物的语义类型也多种多样。

（188）天气预报是王丽，体育新闻是李明。（袁晓今，2020）

（189）蒙娜丽莎的微笑是新时代新人物的自信和乐观。（曾骞，2013）

（190）この臭いは地下だ。（这个臭味是地下。）（谷守，2017）

（191）あの顔色は不採用だった。（那个颜色是不采用。）（新妻，2020；引自山本，2006）

（三）N1＝时间

当 N1 表示时间时，其可以表示星期、月份、季节等。

（192）星期一是北京。（王珲，2023）

（193）这周末是周杰伦。（王珲，2023）

（194）九月份是大雁。（王珲，2023）

（195）冬天是哈尔滨。（王珲，2023）

（196）10 時は 20 分だ。（10 点是 20 分。）（AnteKärrman，2017）

（197）春は京都だ。（春天是京都。）（奥津，1978）

（198）彼は今日は帰って来ないわ。今遠くまで行っててね。昼は仕事で、夜はボランティア。週のうち、家に居るのは日曜日と金曜日の 2 日だけなのよ。（他今天不会回来了。他现在在很远的地方。他白天工作，晚上做志愿者。他一周只有星期日和星期五这两天。）（黄怀古，2018）

（四）N1＝事情

当 N1 表示事情时，其既可以表示重大事情，也可以表示日常的小事。例（199）和例（200）中的"新中国的诞生""四川大地震""日本阪神大地震"都是重大事情，例（201）和（202）中的"吃饭""喝汤""試験"（考试）表示日常生活中的小事情。

(199) 新中国的诞生是马列主义、毛泽东思想的伟大胜利。(吕叔湘，1999)

(200) 时间的话，四川大地震是 2008 年；日本阪神大地震是 1995 年。(曾骞，2013)

(201) 吃饭，(餐具)是筷子；喝汤，(餐具)才是勺子。(曾骞，2013)

(202) A：転入試験の成績もすごくいいんですよ！(转学考试成绩真好啊！)

B：そりゃインチキだな。(这是作假了吧。)

C：失礼な。試験は実力だぞ。(真失礼。考试是用实力的。)(陈访泽、黄怀古，2015)

（五）N1＝地点

当 N1 由表示地点的名词构成时，汉日语鳗鱼句的数量最少，分别只有 4 例和 3 例。表示地点的名词既可以是表示具体地名的专有名词，也可以是表示一般地方的短语。在下面的例子中，"北京""悉尼""京都""北海道"是表示具体地名的专有名词，而"这间屋子"只是表示普通的一般的地方。

(203) 北京是冬天，悉尼是夏天。(王珲，2023)

(204) 这间屋子是 20 平米。(王宇新，2012)

(205) 京都は春だ。(京都是春天。)(奥津，1978)

(206) 北海道は札幌ビールだ。(北海道是札幌啤酒。)(Yagihashi，2009)

五、N2 的句法特点

首先根据 N2 是词或者短语，鳗鱼句可以分为 N2 是词的例句和 N2 是短语的例句（见表 3—16）。

表 3-16　N2 是词的例句和 N2 是短语的例句的数量情况

	汉语鳗鱼句		日语鳗鱼句	
	例句数量（例）	占比（%）	例句数量（例）	占比（%）
词	111	63.8	68	85
短语	63	36.2	12	15

（一）词

在汉语鳗鱼句中，当 N2 是词的时候，其可以分为普通名词和专有名词（见表 3-17）。

表 3-17　词充当 N2 的汉语鳗鱼句的分类

	例句数量（例）	占比（%）
普通名词	89	80.2
专有名词	22	19.8

而在日语鳗鱼句中，N2 可以由普通名词、专有名词、代名词和复合词构成（见表 3-18）。

表 3-18　词充当 N2 的日语鳗鱼句的分类

	例句数量（例）	占比（%）
普通名词	44	64.7
专有名词	20	29.4
代名词	3	4.4
复合词	1	1.5

当 N2 是普通名词时，鳗鱼句的例句数量最多。

（207）男同志是大碗，女同胞是小碗，一大碗顶两小碗。（王希杰，1990）

（208）那两套茶具都是唐山瓷。（吕叔湘，1999）

（209）英会話はやる気です。（英语会话的话很有干劲）（新妻，2020；引自山本，2006）

(210) この臭いは事故だ。（这个臭味可能因为事故。）（谷守，2017）

与普通名词相比，专有名词充当 N2 时，鳗鱼句的数量较少。这些专有名词主要包括人名、地名、电影名、商品标牌名等。比如：

(211) 选手们入场了，中国是孙杨。（袁晓今，2020）
(212) 星期一是《泛美之旅》。（王珲，2023）
(213) 她是宝马。（王珲，2023）
(214) クラーク君はシドニーだ。（克拉克是悉尼。）（奥津，1978）
(215) A：すてきじゃないっすか！ロマンスじゃないっすか！『プリティウーマン』っすよ。ジョージクルーニーっすよ。（这难道不是很厉害吗？是不是很浪漫？是《风月俏佳人》。是乔治克鲁尼。）

B：『プリティウーマン』はリチャードギアだよ。（《风月俏佳人》是理查德基尔的作品。）

根据收集到的例句，可以发现上述两种情况是汉日鳗鱼句都有的，而下述两种情况只在日语鳗鱼句中存在。第一种是 N2 由代名词构成的日语鳗鱼句。比如：

(216) A：この仕事を頼むのは誰がいいと思う？僕は彼女なんだけど。（这个工作拜托给谁比较好呢？我觉得是她。）

B：<u>僕は彼だな</u>。（我觉得是他。）（谷守，2017）
(217) この臭いはあいつだ。（这个臭味是他的。）（谷守，2017）

第二种是 N2 由复合词构成的日语鳗鱼句。在下面这个句子中，"不採用"（不采用）是由接头词"不"和普通名词"採用"（采用）共

同构成的复合词。

(218) あの顔色は不採用だった。(那个颜色是不采用。)
(新妻,2020;引自山本,2006)

(二) 短语

当 N2 是短语时,汉语鳗鱼句可以分为两大类:一类是"修饰语＋普通名词"构成 N2 的句子,共有 62 例;一类是"名词＋加＋名词"构成 N2 的句子,只有 1 例(见表 3—19)。

表 3—19　N2 由短语构成的汉语鳗鱼句的分类

	例句数量(例)	占比(%)
"修饰语＋普通名词"构成 N2	62	98.4
"名词＋加＋名词"构成 N2	1	1.6

日语鳗鱼句也可以分为两大类:一是"修饰语＋普通名词"构成 N2 的句子,共有 12 例;二是"名词＋と＋名词"构成 N2 的句子,只有 1 例(见表 3—20)。

表 3—20　N2 由短语构成的日语鳗鱼句的分类

	例句数量(例)	占比(%)
"修饰语＋普通名词"构成 N2	11	91.7
"名词＋と＋名词"构成 N2	1	8.3

1. N2 由"修饰语＋普通名词"构成的汉语鳗鱼句

首先,当 N2 是"修饰语＋普通名词"时,又可以根据修饰语的类型,将汉语鳗鱼句分为以下几种(见表 3—21):

表 3—21　N2 是"修饰语＋普通名词"时例句的分类

	例句数量(例)	占比(%)
修饰语＝名词	24	38.7
修饰语＝～量词	15	24.2

续表3-21

	例句数量（例）	占比（%）
修饰语＝动词	13	21
修饰语＝形容词	7	11.3
修饰语＝数词	2	3.2
修饰语＝代词	1	1.6

当名词是修饰语时，鳗鱼句有24例，其可以分为"名词＋名词"和"名词＋的＋名词"两大类。比如：

(219) 我们俩买的书不一样，他是英文课本，我是科技常识。（刘月华等，2004）

(220) 岩床内每一个不太厚的岩层都是火星地质史上的一个"历史事件"。（曾骞，2013）

"～＋量词"充当修饰语时，汉语鳗鱼句的例句数量也不少，共有15例。根据量词前是指示词或者数词的情况，可以将该类句子分为"数词＋量词＋名词""指示词＋量词＋名词""指示词＋数词＋量词＋名词"三大类。比如：

(221) 解放前，他夏天总是一件破布衫。（刘月华等，2004）

(222) 宝玉明知黛玉是这个缘故。（曾骞，2013）

(223) 他总是这么一辆破车。（刘月华等，2004）

当修饰语是动词时，汉语鳗鱼句的例句数量有13例。在这些例句中，N2主要由"动词＋的＋名词"这一形式构成。比如：

(224) 窗户是新糊的纸，办公室里明亮亮。（王宇新，2012）

（225）他是生的男孩（不是女孩）。（沈家煊，2008）

当修饰语是形容词时，鳗鱼句的数量较少，只有 7 例。这些例句也可以分为"形容词＋名词"和"形容词＋的＋名词"两类。

（226）如今是新政府，自由借贷，有借有还。（王宇新，2012）

（227）你是很正常的情况。（曾骞，2013）

当修饰语是数词和代词时，鳗鱼句的数量非常少，分别只有两例和 1 例，而且该代词是由疑问代词充当的。比如：

（228）这间屋子是 20 平米。（王宇新，2012）
（229）珠穆朗玛峰是 8848 米。（王宇新，2012）
（230）你是什么垃圾？（温爱华，2020）

2. N2 由"修饰语＋普通名词"构成的日语鳗鱼句

当 N2 是"修饰语＋普通名词"时，根据修饰语的类型，可以把日语鳗鱼句分为以下几种（见表 3－22）：

表 3－22　"修饰语＋普通名词"构成 N2 的日语鳗鱼句的分类

	例句数量（例）	占比（％）
修饰语＝名词	7	63.6
修饰语＝数词	2	18.2
修饰语＝指示词	1	9.1
修饰语＝形容词	1	9.1

当修饰语是名词时，日语鳗鱼句有 7 例，可以分为"名词＋名词"和"名词＋の＋名词"两种形式。比如：

（231）わたしはリンゴジュースだ。（我是苹果汁。）（奥

（232）僕は数学のテストだ。（我是数学考试。）（奥津，1978）

修饰语由数词构成的例句只有两例。比如：

（233）3ポイントだけじゃねえ、あの人は。（只有3分，那个人。）（陈访泽、黄怀古，2015）
（234）A：投げる！1球でも！！（投！即使是一个球！！）
B：僕は10球で…（我是10个球……）
A：あ!? 俺は15球だ。（啊!? 我是15个球）（黄怀古，2018）

修饰语是指示词和形容词的例句分别只有1例。

（235）君はかわいい目だな。（你是可爱的眼睛。）（新妻，2020；引自山本，2006）
（236）僕はあの車だ。（我是那辆车。）（奥津，1978）

3. 其他情况

N2由"名词＋加＋名词"和"名词＋と＋名词"构成的鳗鱼句分别只有1例。比如：

（237）我们是小米加步枪，敌人是飞机加大炮。（刘月华等，2004）
（238）僕はナイフとフォークだ。（我是刀和叉子。）（奥津，1978）

六、N2 的语义特点

根据 N2 的语义特点，可以将汉语鳗鱼句分为 N2 表示人的名词、表示物的名词、表示时间的名词和表示地点的名词的句子四大类。而日语鳗鱼句，除了这四大类，还有一类是 N2 由表示事情的名词构成的例句（见表 3-23）。

表 3-23　根据 N2 语义特点的分类

	汉语鳗鱼句		日语鳗鱼句	
	例句数量（例）	占比（%）	例句数量（例）	占比（%）
N2 是表示物的名词	105	60	42	52.5
N2 是表示人的名词	42	24	15	18.8
N2 是表示地点的名词	15	8.6	12	15
N2 是表示时间的名词	13	7.4	8	10
N2 是表示事情的名词	0	0	3	3.8

（一）N2＝物

与 N1 不同，N2 由表示物的名词充当的例句数量最多。其中，在汉语鳗鱼句中，N2 是具体物的例句的数量和 N2 是抽象物的例句的数量差不多；在日语鳗鱼句中，N2 是具体物的例句的数量少于 N2 是抽象物的例句的数量（见表 3-24）。

表 3-24　根据表示物的 N2 是抽象还是具体的分类情况

	汉语鳗鱼句		日语鳗鱼句	
	例句数量（例）	占比（%）	例句数量（例）	占比（%）
具体物	53	50.5	19	45.2
抽象物	52	49.5	23	54.8

根据具体物有无生命，可以将具体物细分为无生命的物体和有生命的物体。在例（239）～例（242）中，"红葡萄酒""白葡萄酒""そば"（荞麦面）是无生命的物体，而"大雁""猫""雁"是有生命的物体。

(239) 确认一下，这位先生点的是红葡萄酒，您妻子点的是白葡萄酒，对吧？——对，我是红葡萄酒，她是白葡萄酒。（袁晓今，2020）

(240) 九月份是大雁。（王珲，2023）

(241) ——私はとんこつにする。（我是猪排。）
——じゃ、僕はそばだ。（那么，我是荞麦面。）（AnteKärrman，2017）

(242) 漱石は猫で、鴎外は雁だ。（漱石是猫，森外是大雁。）（新妻，2020；引自山本，2006）

抽象物的类型则是多种多样的，可以包括分数、价格、血型、考试等。

(243) 成绩呢，小明是 80 分；小红是 92 分。（曾骞，2013）

(244) 从北京到武汉的火车票是两百元。（朱斌，2002）

(245) わたしは AB 型です。（我是 AB 型。）（陈访泽、黄怀古，2015）

(246) 僕は数学のテストだ。（我是数学考试。）（奥津，1978）

(二) N2＝人

N2 由表示人的名词充当的例句的数量也不少，主要包括表示人名的专有名词、表示性别和亲属关系等的普通名词等。

(247) 讲到太太的话，他是日本太太；我是美国太太。（曾骞，2013）

(248) 这周末是周杰伦。（王珲，2023）

(249) A：妹さんにお子さんが産まれたそうですが、男の子ですか、女の子ですか？（听说你妹妹好像生小孩了，是

男孩还是女孩？)

B：妹は男でした。（妹妹是男的。）（高本，1996）

（250）年をとっての親孝行はやっぱりお嬢さんね。（晚年孝顺的还是你女儿。）（新妻，2020；引自山本，2006）

（三）N2＝地点

N2 是表示地点名词的时候，例句较少，具体包括国家、地名或者场所等。比如：

（251）你们都是去北京？——A：不是，我是北京。他是上海。（袁晓今，2020）

（252）我们两个村子，一个是河东，一个是河西。（吕叔湘，1999）

（253）我是 308（房）。（袁晓今，2020）

（254）山田さんは中国だ。（山田是中国。）（李晓娜，2008）

（255）姉さんは台所だ。（姐姐是厨房。）（李晓娜，2008）

（四）N2＝时间

当 N2 表示时间的时候，其具体可以包括星期、月份、年份、季节等。比如：

（256）A：我去年五月去东京，樱花都谢了。B：我是三月底，正好看到。（霍四通，2019）

（257）中国最近的水灾是 1998 年，最近的雪灾是 2007 年。（张和友、邓思颖，2010）

（258）京都は春だ。（京都是春天。）（奥津，1978）

（259）問題のスーパー特急「おおぞら9号」は、札幌発十六時二八分、千歳空港発は十六時五八分である。（超快

"青空9号"札幌发车时间是16点28分,千岁机场发车时间是16点58分。)(陈访泽、黄怀古,2015)

(五) N2＝事情

N2由表示事情的名词构成的日语鳗鱼句只有3例,汉语鳗鱼句则没有该类型。比如:

(260) この臭いはプロパンガスだ。(这个臭味应该是煤气的。)(谷守,2017)

(261) 来週は部長と北海道へ出張だ。(下周是和部长去北海道出差。)(奥津,1978)

(262) 彼は今日は帰って来ないわ。今遠くまで行っててね。昼は仕事で、夜はボランティア。週のうち、家に居るのは日曜日と金曜日の2日だけなのよ。(他今天不会回来了。他现在在很远的地方。他白天工作,晚上做志愿者。他一周只有星期日和星期五这两天。)(黄怀古,2018)

七、总结

本节以收集到的汉语鳗鱼句"N1是N2"和日语鳗鱼句"N1是N2"的例句为研究对象,从句法特征和语义特征的角度对N1和N2进行了考察。

关于N1的句法特点,首先根据N1是词还是短语,将汉日鳗鱼句分为N1是词的例句和N1是短语的例句。其中,N1是词的例句较多,而N1是短语的例句较少。日语鳗鱼句中词和短语的占比情况与汉语鳗鱼句的情况非常接近。当N1是词时,在汉语鳗鱼句中N1分为代名词、普通名词和专有名词。在日语鳗鱼句中,除了这几类,N1还可以由复合名词充当。当N1是短语时,汉语鳗鱼句可以分为三大类,分别是"修饰语＋名词"构成N1的例句、无中心语的修饰语构成N1的例句和"名词＋和＋名词"构成N1的例句。而日语鳗鱼句只能分为"修饰语

＋名词"构成 N1 的例句和"名词＋动词＋名词"构成 N1 的例句这两大类。关于 N1 的语义特点，可以将汉日鳗鱼句分为 N1 是表示人的名词、表示物的名词、表示事情的名词、表示时间的名词和表示地点的名词的例句五大类。关于每个种类的例句数量占比，汉语和日语非常接近。不过，按照例句的数量排序，日语鳗鱼句各个种类的顺序由多到少为 N1＝人＞物＞时间＝事情＞地点，而汉语鳗鱼句的顺序为 N1＝人＞物＞时间＞事情＞地点。

关于 N2 的句法特点，首先根据 N2 是词还是短语，汉语鳗鱼句可以分为 N2 是词的例句和 N2 是短语的例句。当 N2 是词的时候，在汉语鳗鱼句中，N2 可以分为普通名词和专有名词。而在日语鳗鱼句中，N2 可以由普通名词、专有名词、代名词和复合词构成。当 N2 是短语的时候，汉语鳗鱼句可以分为"修饰语＋普通名词"构成 N2 的句子和"名词＋加＋名词"构成 N2 的句子。日语鳗鱼句可以分为"修饰语＋普通名词"构成 N2 的句子和"名词＋と＋名词"构成 N2 的句子两大类。关于 N2 的语义特点，根据 N2 的语义特点，可以将汉语鳗鱼句分为 N2 表示人的名词、表示物的名词、表示时间的名词和表示地点的名词的句子四大类。而日语鳗鱼句，除了这四大类，还有一类是 N2 由表示事情的名词构成的例句。

第三节　汉语鳗鱼句的语义解读

一、不依赖语境的语义解读

在例（263）～例（266）中，N1 和 N2 在逻辑语义上可以是等同关系。

（263）他是个美国丈夫。（赵元任，1979）
（264）他是日本佣人。（王珲，2023）
（265）你是白毛女。（李临定，1986）
（266）老李是组长，小陈是组员。（王希杰，1990）

这些句子的语义都直接可以从句法层面进行解读，不需要依赖语境。那么这些句子有什么特点呢？

首先，如例（267）～例（269）所示，虽然 N1 和 N2 都是表示人，但是 N1 和 N2 在逻辑语义上并不是等同关系。

（267）他是个日本太太。（赵元任，1979）
（268）吴老头儿是安徽姑娘。（指他所雇佣的保姆）（王希杰，1990）
（269）周作人是日本太太。（霍四通，2019）

"他"和"日本太太"、"吴老头儿"和"安徽姑娘"、"周作人"和"日本太太"在逻辑语义上不可能画等号。实际上，等同关系成立与否，与 N1 和 N2 所含的义素有关。我们发现，例（267）～例（269）中，N1 含有［＋男性］义素，N2 含有［＋女性］义素，这两个义素相互排斥。而在例（270）～例（272）中，当 N1 和 N2 都含有［＋男性］义素时，即 N1 和 N2 不含有相互排斥的义素时，N1 和 N2 的语义关系可以解释成等同关系。

（270）他是个日本丈夫。
（271）吴老头儿是安徽爷爷。
（272）周作人是中国老公。

例（273）～例（275）也一样，当 N1 和 N2 都含有［＋女性］义素时，N1 和 N2 也是等同关系。

（273）她是个日本太太。
（274）张小姐是安徽姑娘。
（275）山口百惠是日本太太。

在例（276）～例（278）中，作为 N1 的"山田""小张""松下"，都不含有［＋男性］或者［＋女性］义素，而 N2 都含有［＋女性］义素。这种情况下，N1 和 N2 的关系可以解释成等同关系。

（276）山田是个日本太太。
（277）小张是安徽姑娘。
（278）松下是日本太太。

因此，可以说只有当 N1 和 N2 不含有相互排斥或者相互矛盾的义素时，N1 和 N2 的语义关系才能解释成等同关系。

另外，在例（279）～例（283）中，N2 可以表示 N1 所具有的特点。

（279）这张桌子是三条腿。（吕叔湘，1999）
（280）这间屋子是 20 平米。（王宇新，2012）
（281）他这些顾客，多是短衣。（李临定，1986）
（282）这首诗是八行。（李临定，1986）
（283）那两套茶具都是唐山瓷。（吕叔湘，1999）

"三条腿""20 平米""短衣""八行""唐山瓷"分别表示结构、大小、穿着、长度、材料。这些句子的语义解释也可以不用依赖语境。不过，这种情况下，N2 表示的特点必须与 N1 有密切的关系，必须是能够让人将其与 N1 联系到一起的，否则只从句法层面将无法对句子语义进行解读。比如：

（284）这间屋子是唐山瓷。
（285）他这些顾客，多是八行。
（286）这首诗是 20 平米。
（287）那两套茶具都是短衣。

上述句子中，N1 和 N2 之间并没有密切的关系，所以无法只从句法层面对其进行语义解读。

二、必须依赖语境的语义解读

在例（288）～例（291）中，N1 和 N2 不是等同关系，N2 也并不是 N1 的特点。对于这些句子，我们无法只从句法层面对其语义进行解读。

（288）他是个日本太太。（赵元任，1979）

（289）A：那你的画在国外能卖多少钱呀？

B：也卖不了多少钱，三万五万。不过，彭哥哥的画是美金哦。（陈访泽、黄怀古，2015）

（290）我是牛肉面，他是香菇鸡肉饭。（曾骞，2013）

（291）星期一是北京。（王珲，2023）

不过，句法层面在语义解读过程中也发挥了重要的作用。在这些句子中，"是"将原本没有明确关系的 N1 和 N2 联系起来，共同构成一个话题句。由此，N1 和 N2 之间就被赋予了一定的语义关系，即"关于N1，……N2……"，N2 是围绕 N1 具体展开论述的，围绕 N1 有多种多样的特点，N2 是只是其中一个方面的特点（如图 3-6 所示）。

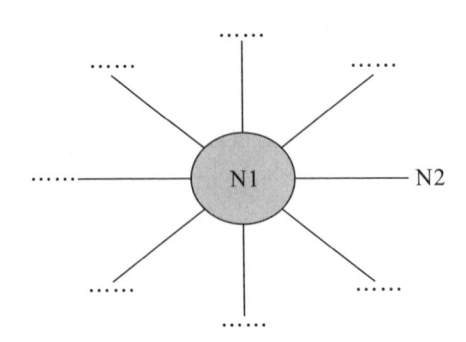

图 3-6　句法层面的语义解读："关于 N1，……N2……"

例（288）在句法层面的语义解释就是"关于他，……日本太太……"（如图 3-7 所示）。

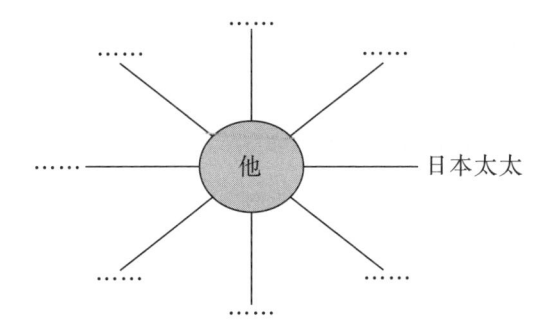

图 3-7　句法层面的语义解读："关于他，……日本太太……"

除了"日本太太"，N2 还可以由其他各种类型的名词构成（如图 3-8 所示）。比如：

（292）他是鳗鱼饭。
（293）他是明天。
（294）他是清华大学。
（295）他是红色。
（296）他是保时捷。
（297）他是书包。
（298）他是北京。

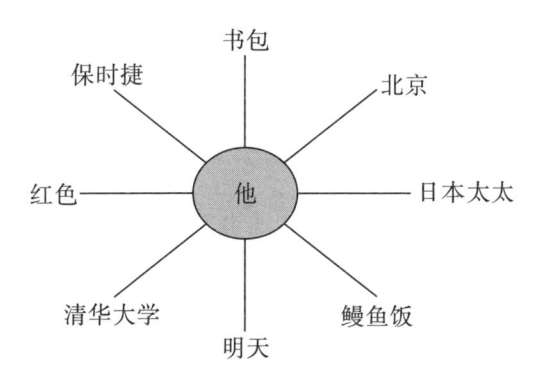

图 3-8　句法层面的语义解读："关于他，……N2……"

不过，通过句法层面，我们只知道 N1 和 N2 之间是有某种关系的，对这种关系究竟是什么，还需要依赖语境作进一步的解释。比如：

(299) A：听说小张结婚了，他娶的是日本太太还是韩国太太？

B：他是日本太太。

(300) A：昨天来了很多人，小张边上坐的是日本太太还是韩国太太？

B：他是日本太太，小王边上才是韩国太太。

"他"和"日本太太"的关系在例（299）中是夫妻关系，在例（300）中则是邻座关系。在下面的例（301）中，"清华大学"是对"他"工作单位的介绍，而在例（302）中，"清华大学"则是"他"的母校。

(301) A：小张的工作单位是北京大学吗？

B：不是，他是清华大学。

(302) A：小张的母校是北京大学吗？

B：他是清华大学。

由此可见，语境不同，N1 和 N2 的语义关系也会不同。因此，在这些鳗鱼句的语义解释过程中，句法层面和语用层面都发挥了作用。其中，句法层面的作用是将 N1 和 N2 联系起来，形成"关于 N1，……N2……"的语义；语用层面是对 N1 和 N2 语义关系的进一步解释。

结　语

本书以汉日语话题句（特别是非典型话题句）为研究对象，通过与日语话题句的对比研究，探讨了汉语话题句在句法特点和语义特点上与日语话题句的共同点和不同点，并以此为基础，揭示了句法层面和语用层面对汉语话题句语义解读的影响。

绪论部分主要对前人的研究、理论和实际应用价值和语料来源等进行了介绍。

第一章主要探讨了汉日间接被动句。

首先将汉日被动句分为直接被动句和间接被动句。根据主语是由原句的直接对象还是间接对象充当，直接被动句可以分为直接对象被动句和间接对象被动句。根据间接被动句的主语是否由第三者充当，间接被动句可以分为所有者被动句和第三者被动句。在此基础上，探讨了"AがBにCをVれる·られる"被动句的类型及其特点。

接着，以汉语和日语两种语言中的第三者被动句为研究对象，分析了其分类、基本句型、句法特点、语义特点。①被动句的分类。根据谓语动词的特点，将汉日第三者被动句进行了下位分类。②基本句型。日语的第三者自动词被动句和第三者他动词被动句的基本句型分别是"(N1が/は)＋(N2に)＋自V(ら)れる＋(R)"和"(N1が/は)＋(N2に)＋N3を＋他V(ら)れる＋(R)，而汉语的基本句型更加复杂。③关于句法特点。汉语中有以四字短语为谓语的第三者特殊被动句，而日语则没有这种被动句；两种语言在结果影响成分的使用情况和表现形式上存在差异；无论是汉语还是日语，根据动词的语义特征，第三者自动词被动句中的自动词可以分为表示一般动作的自动词、表示

现象的自动词和表示态度感情的自动词三种类型。此外，最常用的是表示移动动作的移动动词，比如"逃げる—逃""来る—来"等。而在第三者他动词被动句中，几乎所有的日语他动词可以充当第三者被动句的谓语动词，但是在汉语中，只有极少数他动词可以在第三者被动句中充当谓语动词。而且，汉语中的他动词主要是表示动作意义的动词，比如"占有""夺取"等。④语义特点。在日语和汉语中，某个事件对间接受动者或主语的影响可分为消极影响和积极影响。当不利的意外情况或违背自己意愿的情况发生时，间接受动者或主语总是受到消极影响；而当有利的意外情况发生时，间接受动者或主语则会受到积极影响。

最后，从义素分析法的角度探讨了句法层面和语用层面的因素对被动句语义的影响。通过研究，我们发现谓语动词、宾语、补语、状语等句法要素都会对被动句的语义解读产生影响。除了句法要素，语用层面也会对被动句的语义解读产生影响，具有同一句法形式的被动句在不同的语境里会有不同的解读。

第三章主要对"P 是 P"和"P には/ことは P"进行了汉日对比研究。

首先，通过定量分析方法，以"P 是 P""P には P""P ことは P"为研究对象，分析了这三种句型的转折词的位置、转折词的种类、P 的类型。

接着，从语法化的角度出发，通过与日语"P ことは P"的对比，揭示了汉语"P 是 P"的语义特点和句法特点。"P 是 P"在语义上和"P ことは P"一样，表示的语义为：在承认是 P 的基础上，偏离或者违反说话者对 P 的期待和想象。另外，在句法上，"P ことは P"的句法结构比较紧凑，"P 是 P"比较松散。

然后，将 P 限定为 V，将"V 是 V"结构和"V には V"结构进行对比，考察这两种结构的语义和句法特点，并分析其背后的原因。因为"V には V"和"V 是 V"两个结构在形成过程中发生了语法化，所以这两种结构具有以下几个句法和语义特点：一是第一个动词发生了非范畴化，所以这两种结构的第一个 V 不可以与时体标记共现。二是这两个结构转折的语序已经固定化，所以语序不能颠倒。三是这两种结构分

别是完整的整体时，它们才具有隐含意义。四是这两种结构的音系形式有减少的现象。另外，因为"Vには V"结构的语法化程度高于"V是 V"结构，所以"V是 V"的结构比较松散，而"Vには V"的结构比较紧凑。因此，"V是 V"的结构内部可以插入各种类型的副词，也可以插入主语和宾语，而"Vには V"的结构内部不可以插入这些成分。

最后，以"P是 P"式为考察对象，探讨该结构所表达的转折语义的生成机制。本书认为"P是 P"式的后一分句传递了偏离预期的信息，所以产生了转折语义。"P是 P"式只有具备话题、P重复、肯定语义这三个要素时，才能隐含偏离预期语义，该结构与其之后的分句之间才能构成转折语义关系。除了句法语义层面，语用层面也发挥着举足轻重的作用。从关联理论角度出发，"P是 P"式的转折义生成机制可以简单地概括为：在交际过程中，听话人通过说话人所传递的新信息（具备话题、P重复、肯定语义的"P是 P"式），并经过一定的推理努力，改变自己原有的认知语境，最终获取说话人的隐含信息（偏离预期信息），由此产生了转折语义。

第三章主要通过定量分析方法，对汉日非逻辑语义句进行了探究。

首先，以谓语动词为自动词的"NPは VP"非逻辑语义句为研究对象，考察了该句中的主题 NP 的特点、主题 NP 与谓语 VP 的语义关系。研究发现，当谓语动词是变化型或者结果型自动词的时候，"NPは VP"非逻辑语义句中的话题 NP 可以是时间名词、场景名词、事物名词、程度名词、数量名词或者场所名词。当谓语动词是动作型自动词或者状态型自动词的时候，话题 NP 不能是事物名词，只能是时间名词、状况名词、程度名词、数量名词、场所名词这五类。另外，关于主题 NP 与谓语 VP 的语义关系，研究发现当谓语动词是自动词时，在"NPは VP"非逻辑语义句中话题 NP 与 VP 的语义关系可以分为限定语义关系和因果语义关系两大类。

其次，从已有研究中收集了汉语鳗鱼句"N1是 N2"的例句和日语鳗鱼句"N1は N2"的例句，分别考察了其句法特点和语义特点，并在此基础上分析了两者的异同。

关于 N1 的句法特点，首先根据 N1 是词还是短语，将汉日鳗鱼句

分为 N1 是词的例句和 N1 是短语的例句。日语鳗鱼句中词和短语的占比情况与汉语鳗鱼句的情况非常接近。当 N1 是词时，在汉语鳗鱼句中 N1 分为代名词、普通名词和专有名词。在日语鳗鱼句中，除了这几类，N1 还可以由复合名词充当。当 N1 是短语时，汉语鳗鱼句可以分为"修饰语＋名词"构成 N1 的例句、无中心语的修饰语构成 N1 的例句和"名词＋和＋名词"构成 N1 的例句。而日语鳗鱼句只能分为"修饰语＋名词"构成 N1 的例句和"名词＋动词＋名词"构成 N1 的例句这两大类。关于 N1 的语义特点，可以将汉日鳗鱼句分为 N1 是表示人的名词、表示物的名词、表示事情的名词、表示时间的名词和表示地点的名词的例句五大类。关于每个种类的例句数量占比，汉语和日语非常接近。不过，按照例句的数量排序，日语鳗鱼句各个种类的顺序由多到少为 N1＝人＞物＞时间＝事情＞地点，而汉语鳗鱼句的顺序为 N1＝人＞物＞时间＞事情＞地点。

关于 N2 的句法特点，首先根据 N2 是词还是短语，汉语鳗鱼句可以分为 N2 是词的例句和 N2 是短语的例句。当 N2 是词的时候，在汉语鳗鱼句中，N2 可以分为普通名词和专有名词。而在日语鳗鱼句中，N2 可以由普通名词、专有名词、代名词和复合词构成。当 N2 是短语时，汉语鳗鱼句可以分为"修饰语＋普通名词"构成 N2 的句子和"名词＋加＋名词"构成 N2 的句子。日语鳗鱼句可以分为"修饰语＋普通名词"构成 N2 的句子和"名词＋と＋名词"构成 N2 的句子两大类。关于 N2 的语义特点，根据 N2 的语义特点，可以将汉语鳗鱼句分为 N2 表示人的名词、表示物的名词、表示时间的名词和表示地点的名词的句子四大类。而日语鳗鱼句，除了这四大类，还有一类是 N2 由表示事情的名词构成的例句。

最后，从句法层面和语用层面探讨了汉语鳗鱼句的语义解读。在汉语鳗鱼句的语义解释过程中，句法层面和语用层面都发挥了作用。其中，句法层面的作用是将 N1 和 N2 联系起来，形成"关于 N1，……N2……"的语义；语用层面是对 N1 和 N2 之间语义关系的进一步解释。

结语部分对本书的内容进行了概括和总结。

需要指出的是，本书只探讨了以被动句为基础的话题句、动词重复的话题句、话题和述题在逻辑语义上不是等同关系的话题句这三类非典型话题句，并未涉及其他类型的非典型话题句，今后将对其他类型的非典型话题句进行考察和研究。另外，本书主要从句法语义角度对"Pことは P"、汉日鳗鱼句等句型进行了描述，并未深入分析这些句型的句法语义特点的产生原因，今后将加强这方面的研究。

参考文献

一、中文文献

陈丛耘，孙汝建. "X 是 X"的句法、语义、语用分析［J］. 玉溪师范学院学报，2018（2）.

陈访泽，严觅知. 日语鳗鱼句的语用分类及其语境依存度［J］. 日语研究，2010（7）.

陈访泽，黄怀谷. 从语言经济性原则看汉日鳗鱼句的异同点［A］//汉日对比语言学研究会. 汉日语言对比研究论丛［C］. 上海：华东理工大学出版社，2015（6）.

陈平. 汉语双项名词句与话题——陈述结构［J］. 中国语文，2004（6）.

董秀芳. 话题标记来源补议［J］. 古汉语研究，2012（3）.

董秀芳. 领属转喻与汉语的句法和语篇［J］. 汉语学习，2012（6）.

范开泰. 汉语话题研究与对外汉语教学［J］. 对外汉语研究，2007（0）.

范丽芳. 浅析"A 是 A"格式［J］. 现代语文（语言研究版），2007（11）.

方琰. 试论汉语的主位述位结构——兼与英语的主位述位相比较［J］. 清华大学学报，1989（2）.

费惠彬. 汉日话题对比研究［D］. 上海：上海师范大学，2006.

冯君亚. 汉日话题比较研究［D］. 郑州：河南大学，2010.

冯君亚. 汉日语言话题化手段对比［J］. 长江大学学报（社会科学版），

2012 (10).

高元石. 谈"同语复说"格式 [J]. 鞍山师范学院学报, 1996 (1).

郭安, 张美涛. 判断类"是"字句中名词性主宾语的语义关系研究 [J]. 喀什大学学报, 2020 (2).

何洪峰, 鲁莹. 汉语话语中的辞格强调 [J]. 长江学术, 2019 (2).

何自然, 冉永平. 新编语用学概论 [M]. 北京: 北京大学出版社, 2009.

胡裕树. 现代汉语 [M]. 上海: 上海教育出版社, 1987.

黄伯荣, 廖序东. 现代汉语(增订六版) [M]. 北京: 高等教育出版社, 2002.

黄昌林, 杨玲. 主宾同形句式的语用含义推导 [J]. 自贡师范高等专科学报, 2001 (2).

黄怀谷. 汉日对比性话题句与对比性鳗鱼句探析 [J]. 广东教育(综合), 2018 (1).

黄增寿, 罗婉君. "N1是N2"判断句及其相关问题 [J]. 语言文化, 2021 (2).

霍四通. 汉语中的"鳗鱼句"——也谈"你是什么垃圾" [J]. 语言文字周报, 2019-07-17 (002).

敬笑迎. 基于语料库的"X是X"语义分析 [J]. 现代语文(语言研究版), 2017 (2).

李临定. 现代汉语句型 [M]. 北京: 商务印书馆, 1986.

李茂莉. 汉语标记话题的语序类型 [J]. 湖南科技大学学报(社会科学版), 2016 (6).

李梦晗, 冯学锋. 特异型"是"字句探析 [J]. 许昌学院学报, 2015 (3).

李珊. 现代汉语被字句研究 [M]. 北京: 北京大学出版社, 1994.

李晓娜. 论日语的名词句 [D]. 哈尔滨: 黑龙江大学, 2008.

李宗江. 近代汉语的话题标记及其演变 [J]. 汉语学报, 2017 (4).

蔺璜. 主宾同形的"是"字句 [J]. 语文研究, 1985 (1).

凌蓉. 关于日语被动句和汉语"被"字句的对比研究 [D]. 上海: 上

海外国语大学，2005.

刘丹青. 话题标记从何而来？——语法化中的共性与个性［A］//石锋，沈钟伟. 乐在其中——王士元教授七十华诞庆祝文集［C］. 天津：南开大学出版社，2004.

刘佳惠. 从句式要素的语义特征看非受害间接被动句［D］. 沈阳：吉林大学，2019.

刘静园. 论词的褒贬义和带褒贬色彩的词［J］. 泰山学院学报，2009（4）.

刘淋. 韩语汉字词和现代汉语的感情色彩的对比研究［J］. 黑河学刊，2017（6）.

刘梦妍. "被"字句感情色彩研究［D］. 哈尔滨：黑龙江大学，2014.

刘月华，潘文娱，故韡. 实用现代汉语语法（增订本）［M］. 北京：商务印书馆，2004.

刘月华，潘文娱，故韡. 实用现代汉语语法［M］. 北京：商务印书馆，2001.

陆俭明. 要重视语言信息结构的思考与研究［J］. 汉藏语学报，2016（9）.

陆俭明. 有关被动句的几个问题［J］. 汉语学报，2004（2）.

吕叔湘，朱德熙. 语法修辞讲话［M］. 沈阳：辽宁教育出版社，2002.

吕叔湘. 现代汉语八百词（增订本）［M］. 北京：商务印书馆，1999.

吕叔湘. 中国文法要略［M］. 北京：商务印书馆，1942.

马纯武. 也谈被字句的语义问题［J］. 汉语学习，1981（6）.

毛文伟. 现代日语书面语均衡语料库应用研究［J］. 日语学习与研究，2013（2）.

梅思斌. "P是P"在让步复句中的句法和语义考察［J］. 大理学院学报，2010（11）.

莫娇，金晓艳. 从"P是P了"看同语式构式链与隐性否定量级表达［J］. 延边大学学报（社会科学版），2020（5）.

聂小丽，李莹. 从言谈互动看让步同语式"P是P"的话语功能和语义获得［J］. 华文教学与研究，2020（1）.

彭吉军，何洪峰. 话题研究述评［J］. 理论月刊，2012（8）.

齐沪扬，胡建锋. 试论负预期量信息标记格式"P是P"［J］. 世界汉语教学，2006（2）.

桥本万太郎. 汉语被动式的历史区域发展［J］. 中国语文，1987（1）.

屈承熹. 汉语篇章语法：理论与方法［J］. 对外汉语研究，2006（0）.

桑勇. "P是P，P"句式分析［J］. 辽宁教育行政学院学报，2018（1）.

杉村博文. 从日语的角度看汉语被动句的特点［J］. 语言文字应用，2003（2）.

邵敬敏. "同语"式探讨［J］. 语文研究，1986（1）.

邵敬敏. 现代汉语通论［M］. 上海：上海教育出版社，2001.

沈家煊. "移位"还是"移情"——析"他是去年生的孩子"［J］. 中国语文，2008（5）.

沈家煊. 不对称和标记论［M］. 南昌：江西教育出版社，1999.

沈家煊. 语言的"主观性"和"主观化"［J］. 外语教学与研究（外国语文双月刊），2001（4）.

沈家煊. 语用·认知·言外义［J］. 外语与外语教学，1997（4）.

施建军. 汉语的主题及汉语句子的基本格局——从汉日对比的角度［J］. 解放军外国语学院学报，2001（3）.

石毓智. 汉语的主语与话题之辨［J］. 语言研究，2001（2）.

石玥. 基于关联理论语境观的"鳗鱼句"分析［J］. 中国民族博览，2022（8）.

史继林，朱英贵. 褒义词词典［Z］. 成都：四川辞书出版社，2005.

宋文辉. 主语和话题［M］. 上海：学林出版社，2018.

谭达人. 褒贬词判定问题［J］. 语文建设，1991（5）.

田菊. "P是P了"及其相关格式研究［D］. 上海师范大学，2019.

王芬. 中日被动句的对比研究——以中日对译语料库中日语的汉译文为中心［D］. 济南：山东大学，2007.

王珲. 形义错配系词构式：结构、语义和语用的互动视角［D］. 杭州：浙江大学，2023.

王力. 20世纪现代汉语语法"八大家":王力选集[M]. 长春:东北师范大学出版社,2002.

王力. 中国现代语法[M]. 北京:商务印书馆,1985.

王曙光. 日汉间接被动句之我见——兼与韩基国同志商榷[J]. 日语学习与研究,1985(1).

王希杰. "N是N"的语义关系——从"男同志就是游泳裤"谈起[J]. 汉语学习,1990(2).

王宇新. 汉语"鳗鱼句"现象及其与日语对应关系小考——以不需要特殊语境解释的句子为中心[J]. 日语学习与研究,2012(1).

王振来. 肯定义被动表述研究[J]. 辽宁工学院学报(社会科学版),2006(4).

温爱华. 语言主观性与事件主观化——也谈"你是什么垃圾"[J]. 宜春学院学报,2020(4).

文旭. 话题与话题构式的认知阐释[J]. 重庆大学学报(社会科学版),2007(1).

吴福祥. 关于语法化的单向性问题[J]. 当代语言学,2003(4).

吴福祥. 试说"X不比Y·Z"的语用功能[J]. 中国语文,2004(3).

吴硕官. 试谈"N是N"格式[J]. 汉语学习,1985(3).

夏齐富. "P是P"句式补议[J]. 安庆师范学院学报,1989(1).

邢福义. 承赐型"被"字句[J]. 语言研究,2004(3).

邢向东. 词义褒贬新探[J]. 云南师范大学学报(哲学社会科学版),1985(5).

徐烈炯,刘丹青. 话题的结构与功能[M]. 上海:上海教育出版社,2007.

徐通锵. 语言论[M]. 长春:东北师范大学出版社,1997.

荀恩东,饶高琦,谢佳莉,等. 现代汉语词汇历时检索系统的建设与应用[J]. 中文信息学报,2015(3).

闫浩. 同语式"P是P"的对外汉语教学研究[D]. 南昌:南昌大学,2019.

杨艳. "A是A"格式的表达特点[J]. 东南大学学报(哲学社会科学

版），2004（4）.

叶琼. 同语式的否定功用［J］. 语言科学，2010（1）.

袁毓林. 语义角色的精细等级及其在信息处理中的应用［J］. 中文信息学报，2007（4）.

曾骞. 现代汉语系词"是"与几个相关问题［D］. 天津：南开大学，2013.

詹凌峰. 关于主题和主语的日汉对照［J］. 日语学习与研究，2004（3）.

张伯江，方梅. 汉语口语的主位结构［J］. 北京大学学报（哲学社会科学版），1994（2）.

张和友，邓思颖. 与空语类相关的特异型"是"字句的句法、语义［J］. 当代语言学，2010（1）.

张琰. "A 是 A""A 归 A"句式比较［J］. 汉字文化，2020（17）.

张永伟，吴冰欣. 基于网络的第四代语料库分析工具核心功能评价［J］. 当代语言学，2023（4）.

张志公. 现代汉语［M］. 北京：人民教育出版社，1982.

张志军. 日语自他动词［M］. 北京：旅游教育出版社，2008.

章炎. 浅谈词语的感情色彩［J］. 辽宁大学学报（哲学社会科学版），1983（5）.

赵岩. 现代汉语转折关系范畴研究［D］. 长春：吉林大学，2021.

赵元任. 汉语口语语法［M］. 吕叔湘，译. 北京：商务印书馆，1979.

朱斌. 现代汉语"是"字句然否类型联结［D］. 武汉：华中师范大学，2002.

祖人植. "被"字句表义特性分析［J］. 汉语学习，1997（3）.

二、英文文献

Ante Kärrman. Unagi-sentences in Japanese and Korean—A Comparative Study Based on Acceptability Judgments［D］. Sweden：Lund University，2017.

Chafe, W. L. Givenness, Contrastiveness, Definiteness, Subjects, Topics, and Point of View [A]. In: C. N. Li (eds.). Subject and Topic [C]. NewYork: AcademicPress, 1976.

Cheng, Lisa Lai-Shen & Luis Vicente. Verb Doubling in Mandarin Chinese [J]. Journal of East Asian Linguistics, 2013 (22).

Erteschik-Shir, N. Information Structure: The Syntax-discourse Interface [M]. Oxford: Oxford University Press, 2007.

Gundel, Jeanette K. Universals of Topic-Comment Structure [A]. In M. Hammond & E. Moravcsik & J. Wirth (eds.). Studies in Syntactic Typology [C]. Amsterdam: Benjamins, 1988.

Huang, C.-T. James & Y.-H. Audrey Li & Yafei Li. The Syntax of Chinese [M]. Cambridge: Cambridge University Press, 2009.

Hockett, C. A. Course in Modern Linguistics [M]. New York: McMillan, 1958.

Hopper, P. J. & Traugott, E. C. Grammaticalization [M]. Cambridge: Cambridge University Press, 2003.

Krifka, M., & Musan, R. Information Structure: over View and Linguistic Issues [A]. In M. Krifka, & R. Musan (eds.). The Expression of Information Structure (The Expression of Cognitive Categories 5) [C]. Berlin/Boston: De Gruyter Mouton, 2012.

Kuno, S. Functional Syntax: Anaphora Discourse and Empathy [M]. Chicago: University of Chicago Press, 1987.

Kuno, S. The Structure of the Japanese Language [M]. Cambridge: MIT Press, 1973.

Kuroda, S.-Y.. Focus in on the Matter of Topic: A Study of Wa and Ga in Japanese [J]. Journal of East Asian Linguistics, 2005 (14).

Lambrecht, K.. Information Structure and Sentence Form [M]. Cambridge: Cambridge University Press, 1994.

Li, C. & S. Thompson. Mandarin Chinese: A Functional Reference Grammar [M]. Berkeley: University of California Press, 1981.

Okamoto, Shigeko. Reduplicated Verbs in Japanese as Grammatical

Constructions [A]. In: Kira Hall & Jean-Pierre Koening (eds.). Proceedings of the Sixteenth Annual Meeting of the Berkeley Linguistics Society [C]. Michigan: Braun Brumfield, Inc Reunion, 1990.

Shibatani, Masayoshi. Grammaticalization of Topic into Subject [A]. In Elizabeth C. Traugott & Bernd Heine (eds.). Approaches to Grammaticalization: Volume Ⅱ. Focus on Types of Grammatical Markers [C]. Amsterdam: John Benjamins. 1991.

Sperber, D. & Wilson D. Relevance: Communication and Cognition [M]. Oxford: Blackwell, 1995.

Traugott, E. C. Subjectification in Grammaticalization [A]. In Stein D. & Wright, S. (eds.), Subjectivity and Subjectivisation [C]. Cambridge: Cambridge University Press, 1995.

Xu, L. & D. Langendoen. Topic Structures in Chinese [J]. Language, 1985 (1).

Yagihashi, Hirotoshi. Why Can A Japanese Unagi-sentence be Used in A Request? [J]. Lodz Papers in Pragmatics, 2009 (5).

三、日文文献

袁暁今. 日本語の「ウナギ文」を中国語に訳す時—中国語の「鳗鱼句（ウナギ文）」について考える—[J]. 愛知県大学外国語学部紀要（言語・文学編），2020（52）.

フィルモア.「生成構造文法」による日本語の分析一試案 [A] //久野暲、柴谷方良. 日本語学の新展開 [C]. 東京：くろしお出版，1989.

服部匡. 反復を含む構文の性質について—日本語は文脈自由文法で記述可能か？[J]. 言語学研究，1988（7）.

星英仁. 間接受身文の事象と統語構造について [A] //日中理論言語学の新展望1：統語構造 [C]. 東京：くろしお出版，2011.

星英仁，胡亜敏. 動詞重複を伴う中国語の動詞（句）移動について

[J]. 言語学会予稿集，2016（152）.

菊地康人.「は」構文の概観［A］//益岡隆志，野田尚史，沼田善子. 日本語の主題と取り立て［C］. 東京：くろしお出版，1995.

木村英樹. 中国語文法の意味とかたち―「虚」的意味の形態化と構造化に関する研究―［M］. 東京：白帝社，2012.

久野暲. 日本文研究［M］. 東京：大修館書店，1973.

邱林燕. 中国語と日本語との受身の考察（1）：中国語の場合［J］. 国際広報メディア・観光学ジャーナル，2013（16）.

丸山直子. 話し言葉の諸相［A］//堂下修司他等. 音声による人間と機械の対話［C］. 東京：オーム社，1998.

丸山直子. 書き言葉と話し言葉の格助詞―コーパスと辞書記述の観点から［M］. 東京：ひつじ書房，2022.

三上章. 象は鼻が長い［M］. 東京：くろしお出版，1960.

森田良行. 日本語文法の発想［M］. 東京：ひつじ書房，2002.

中島悦子. 日中対照研究 ヴォイス―自・他の対応・受身・使役・可能・自発―［M］. 東京：おうふう，2007.

日本語記述文法研究会. 現代日本語文法 2［M］. 東京：くろしお出版，2009.

新妻明子.「ウナギ文」分析における認知的アプローチの役割と談話分析の可能性［J］. 常葉大学外国語学部紀要，2020（36）.

西山佑司. 日本語名詞句の意味論と語用論―指示的名詞句と非指示的名詞句―［M］. 東京：くろしお出版，2003.

野田尚史.「は」と「が」［M］. 東京：くろしお出版，1996.

岡本牧子，氏原庸子. くらべてわかる日本語表現文型辞典［M］. 東京：Jリサーチ出版社，2008.

奥津敬一郎.「ボクハウナギダ」の文法―ダとノ―［M］. 東京：くろしお出版，1978.

坂原茂. 役割、ガハ、ウナギ文. 認知科学の発展第 3 巻［M］. 東京：講談社，1990.

柴谷方良. 日本語の分析―生成文法の方法［M］. 東京：大修館書

店，1978.

鈴木重幸. 日本語文法・形態論［M］. 東京：むぎ書房，1972.

高橋太郎. 日本語の文法［M］. 東京：ひつじ書房，2005.

高本條治. いわゆる「ウナギ文」発話の表意解釈とその記録形式［J］. 国語学，1996（184）.

高見健一. 受身と使役：その意味規則を探る［M］. 東京：開拓者，2011.

谷守正寛. 名詞文のプロトタイプとしてのウナギ文、及び体言締め文［J］. 言語と文化，2017（21）.

丁意祥. 間接受身文に関する一考察［J］. 日本語教育，1997（93）.

寺村秀夫. 日本語のシンタクスと意味Ⅰ［M］. 東京：くろしお出版，1982.

陳訪澤. 日本語の分裂文とウナギ文の形成について［J］. 世界の日本語教育，1997（7）.

角田大作. 世界の言語と日本語　改訂版―言語類型論から見た日本語［M］. 東京：くろしお出版，2009.

楊凱栄. 文法の対照的研究―中国語と日本語［J］. 日本語と日本語教育，1992（5）.